[illegible]

DE

GÉOGRAPHIE

A l'usage des classes préparatoires (1re et 2e divisions) [illegible]

LIVRE-ATLAS

Conforme aux nouveaux programmes de l'Enseignement primaire

PAR

CHARLES LASSAILLY

GÉOGRAPHE

Lauréat du Congrès international des sciences géographiques (Paris, 1875),
Ancien professeur à l'École impériale polytechnique de Saint-Pétersbourg, officier d'Académie.

Troisième ÉDITION

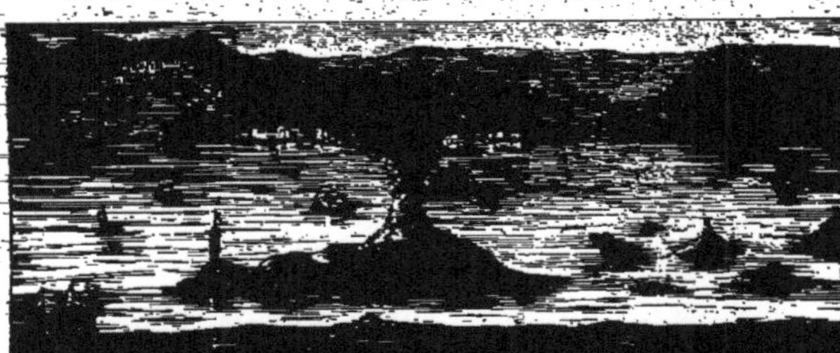

[illegible] sur la liste des livres fournis gratuitement par la ville de Paris à ses Écoles communales

PARIS

LIBRAIRIES LAROUSSE & BOYER [illegible]

Vve P. LAROUSSE ET Cie, IMPRIMEURS-ÉDITEURS

49, RUE SAINT-ANDRÉ-DES-ARTS, 49

COURS ÉLÉMENTAIRE

DE

GÉOGRAPHIE

A l'usage des classes préparatoires (1re et 2e divisions) **des Lycées**

LIVRE-ATLAS

Conforme aux nouveaux programmes de l'Enseignement primaire

PAR

CHARLES LASSAILLY

GÉOGRAPHE

Lauréat du Congrès international des sciences géographiques (Paris, 1875),
Ancien professeur à l'École impériale polytechnique de Saint-Pétersbourg, officier d'Académie.

TROISIÈME ÉDITION

Ouvrage inscrit sur la liste des livres fournis gratuitement par la ville de Paris à ses Écoles communales.

PARIS

LIBRAIRIES LAROUSSE & BOYER RÉUNIES

Vve P. LAROUSSE ET Cie, IMPRIMEURS-ÉDITEURS

49, RUE SAINT-ANDRÉ-DES-ARTS, 49

PRÉFACE

Notre *Cours élémentaire de Géographie* est un LIVRE-ATLAS, c'est-à-dire qu'en face de chaque page de texte se trouve une carte (1). Cette mise en regard offre de grands avantages : l'élève, trouvant facilement sur la carte le nom cité dans le texte, retient mieux la leçon.

Cela dit, nous allons exposer sommairement la méthode que nous avons suivie dans la rédaction du texte et dans le dessin des cartes.

TEXTE. — 1° Nous avons cherché la clarté avant toute autre chose, et, pour l'obtenir, nous n'avons pas craint quelques répétitions de mots afin qu'à toute question faite au hasard l'élève trouve instantanément une réponse complète dans le texte même qui fait l'objet de la question.

2° Dans l'étude politique de la France, l'énumération des départements par ordre alphabétique serait beaucoup trop aride. De là différentes classifications adoptées par les géographes : classifications par bassins fluviaux, par régions agricoles, par pays de montagnes et pays de plaines, par provinces. — C'est cette dernière classification, basée sur la concordance des anciennes provinces et des départements actuels, que nous avons choisie. Si elle n'est pas plus rigoureuse que les autres, elle a du moins une supériorité, celle d'être pratique. En effet, quand l'élève étudie l'histoire de France, n'y trouve-t-il pas souvent les noms des anciennes provinces ? Dans la conversation courante, n'entend-il pas aussi les mêmes dénominations à chaque instant ? « C'est du vin de Bourgogne, de Champagne, — c'est un cheval normand, flamand, — c'est un Picard, un Gascon, un Auvergnat, un Savoisien, un Breton, un Limousin, — nous avons perdu l'Alsace, une partie de la Lorraine... » Tous ces noms lui deviendront familiers par l'étude de notre Cours de géographie.

3° A la place des devoirs, que le maître *ne fait pas faire* parce qu'il n'en a pas le temps, nous avons mis un *résumé de la leçon* après chacun des premiers chapitres, qui sont les plus importants. Un élève qui aurait manqué plusieurs leçons pourrait n'apprendre que le résumé et être cependant à même de suivre ses camarades.

4° Au bas de chaque page est un *questionnaire* dont les numéros concordent avec ceux du texte. Le peu de place dont nous disposions ne nous a pas permis d'introduire aussi souvent que nous l'aurions désiré des questions complémentaires, comme celles des numéros 50, 134, 160, etc., mais il sera toujours facile au maître de compléter lui-même ce genre d'exercices.

5° Des notions *élémentaires* de géographie économique ne sont plus à notre époque au-dessus de la portée des jeunes enfants : tous ont vu un chemin de fer, un canal ; les leçons de choses leur ont appris ce que c'est que le coton, le lin, la soie, la houille, le fer, etc. C'est pourquoi nous avons complété l'étude de la France par des renseignements généraux sur son agriculture, son industrie, son commerce, ses moyens de transport.

CARTES. — Nous sommes arrivés par différents procédés à rendre nos cartes parfaitement claires :

1° Les écritures sont larges et grosses ; elles conviennent aux vues les plus faibles.

2° Grâce au coloris que nous avons adopté, on peut distinguer aussi bien à la *lumière de la lampe* qu'en plein jour les limites des pays, des départements.

3° L'élève ne peut bien comprendre les rapports qui existent entre une colline, un plateau, une montagne, etc. que s'il voit d'un seul coup d'œil tous ces accidents du sol. C'est pourquoi nous les avons réunis sur deux figures. En outre, nous avons joint une mappemonde et une carte de France pour l'application des termes géographiques.

4° Dans la carte de la page 9, nous avons exprimé le relief du sol au moyen d'une seule teinte dégradée ; l'élève distingue aussitôt, sans recourir à la légende, les régions basses des régions élevées. — Dans la carte de la page 13, pour plus de clarté, nous avons indiqué par une *teinte plate* seulement toute la partie montagneuse de la France.

5° Nous avons choisi la *projection de Mercator* (planisphère page 16) pour l'étude des colonies françaises et des cinq parties du monde. Cette projection offre l'avantage d'exprimer avec clarté les rapports qui existent entre les continents ; mais le maître fera bien d'avertir les élèves que, dans cette projection, les parties voisines des pôles sont beaucoup trop agrandies, ainsi qu'on peut s'en rendre compte en comparant le Planisphère de la page 18 à la Mappemonde de la page 3.

6° Enfin, par suite de combinaisons typographiques particulières, nos cartes ont pu être tirées avec le plus grand soin, sans que pour cela le prix de notre Livre-Atlas en soit plus élevé.

(1) L'idée de la *mise en regard* du texte et de la carte est *ancienne* ; elle a été appliquée pour la première fois par M. Sanis, il y a près de trente ans, dans son *Cours normal de Géographie*, publié chez MM. Larousse et Boyer. Les auteurs américains Guyot, Swinton, etc., et certains auteurs français ont adopté depuis cette disposition avec succès, mais ils n'en sont pas, comme on le voit, les inventeurs.

COURS ÉLÉMENTAIRE DE GÉOGRAPHIE. — LIVRE-ATLAS

PRÉLIMINAIRES

LA TERRE

1. L'**univers** est la réunion de tous les *corps* ou *astres* qui se trouvent dans le ciel.

2. La terre, le soleil, la lune sont des **astres**.

3. La terre reçoit sa **lumière** du soleil.

4. La terre est presque aussi **ronde** qu'une boule.

5. On appelle **surface** de la terre sa partie extérieure.

6. La **géographie** est la description de la surface de la terre.

GLOBES ET CARTES

7. Pour représenter la surface de la terre, on se sert soit d'un **globe**, soit de **cartes géographiques**.

Fig. 1. — Globe terrestre.

8. Un *globe* ou *sphère terrestre* est une boule sur laquelle toute la terre est dessinée en petit (*fig.* 1).

9. Une *carte géographique* est une feuille de papier sur laquelle est dessinée toute la terre ou seulement une partie de la terre.

POINTS CARDINAUX

10. On reconnaît la position des différents pays de la terre au moyen des **quatre points cardinaux**.

11. Les quatre points cardinaux sont :

Le **nord**, qu'on appelle aussi *septentrion*;
L'**est**, qu'on appelle aussi *levant* ou *orient*;
Le **sud**, qu'on appelle aussi *midi*;
L'**ouest**, qu'on appelle aussi *couchant* ou *occident*.

Les lettres **N**. **E**; **S**; **O** sont les abréviations employées pour désigner le nord, l'est, le sud, l'ouest.

12. L'est s'appelle aussi le *levant* parce que c'est le côté où le soleil semble se **lever**.

13. L'ouest s'appelle aussi le *couchant* parce que c'est le côté où le soleil semble se **coucher**.

Fig. 2. — Manière de s'orienter.

14. **S'orienter**, c'est se diriger en se servant des points cardinaux.

15. Pour s'orienter, il faut se placer de manière à avoir **à sa droite** l'*orient* (est), c'est-à-dire le côté où le soleil semble se lever. Alors on a l'ouest à sa gauche, le nord devant soi, le sud derrière soi (*fig.* 2).

Fig. 3. — Manière de s'orienter pendant la nuit.

16. Lorsque la nuit est claire, on peut s'orienter en cherchant dans le ciel l'**étoile polaire**, étoile brillante que l'on retrouve toujours à la même place. — Alors on a le nord devant soi, le sud derrière soi, l'est à sa droite, l'ouest à sa gauche (*fig.* 3).

17. On peut encore s'orienter en se servant de la **boussole**, petit instrument qui contient une aiguille dont une *pointe se dirige toujours vers le nord* (*fig.* 4).

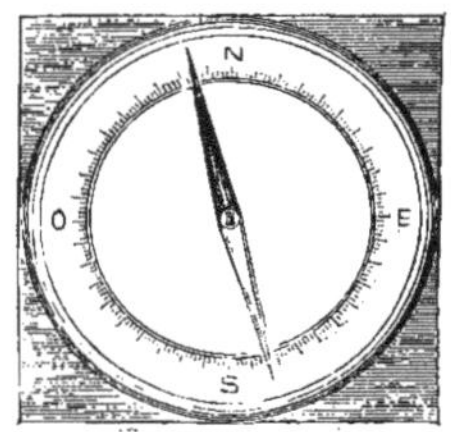

Fig. 4. — Boussole.

18. Sur les cartes géographiques, le nord est ordinairement en *haut*, le sud en *bas*, l'ouest à *gauche*, l'est à *droite* (voir les cartes de cet atlas).

POINTS COLLATÉRAUX.

19. On appelle **points collatéraux** les points situés entre les quatre points cardinaux.

20. Les points collatéraux sont :

Le *nord-ouest* (entre le nord et l'ouest) [voir *fig.* 5].

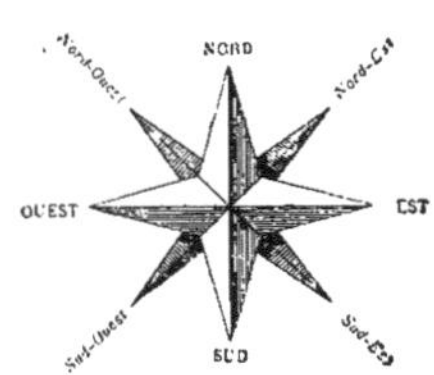

Fig. 5. — Points cardinaux et collatéraux.

Le *nord-est* (entre le nord et l'est);
Le *sud-ouest* (entre le sud et l'ouest);
Le *sud-est* (entre le sud et l'est).

LA TERRE. — **1**. Quel nom donne-t-on à la réunion de tous les corps ou astres qui se trouvent dans le ciel? — **2**. Citez des astres. — **3**. De quel astre la terre reçoit-elle sa lumière? — **4**. Quelle est la forme de la terre? — **5**. Quel nom donne-t-on à la partie extérieure de la terre? — **6**. Qu'est-ce que la géographie?

GLOBES ET CARTES. — **7**. De quoi se sert on pour représenter la surface de la terre? — **8**. Qu'est-ce qu'un globe ou sphère terrestre? — **9**. Qu'est-ce qu'une carte géographique?

POINTS CARDINAUX ET COLLATÉRAUX. — **10**. Comment reconnaît-on sur la terre la position des différents pays? — **11**. Quels sont les quatre points cardinaux? — **12**. Pourquoi l'est s'appelle-t-il aussi le levant? — **13**. Pourquoi l'ouest s'appelle-t-il aussi le couchant? — **14**. Qu'est-ce que s'orienter? — **15**. Comment fait-on pour s'orienter? — **16**. Comment fait-on pour s'orienter la nuit? — **17**. N'y a-t-il pas un instrument à l'aide duquel on peut s'orienter? — **18**. Quelle est ordinairement, sur les cartes géographiques, la position des quatre points cardinaux? — **19**. Qu'appelle-t-on points collatéraux? — **20**. Quels sont les points collatéraux?

MOUVEMENT DE LA TERRE

21. La terre **n'est pas immobile**; elle voyage dans le ciel.

22. La terre a **deux mouvements** :

1° un mouvement de *rotation :* elle tourne sur elle-même en 24 heures;

2° un mouvement de *translation :* elle tourne autour du soleil en une année.

23. Les deux mouvements de la terre sont **simultanés**, c'est-à-dire qu'ils s'accomplissent en même temps.

24. Le mouvement de rotation de la terre produit la **succession des jours et des nuits**.

25. Le mouvement de translation de la terre produit les **saisons**.

Il y a **quatre** saisons : le *printemps* (du 21 mars au 21 juin), — l'*été* (du 21 juin au 23 septembre), — l'*automne* (du 23 septembre au 22 décembre), — l'*hiver* (du 22 décembre au 20 mars).

Le printemps est la saison des *fleurs*, — l'été, la saison des *récoltes*, — l'automne, la saison des *vendanges*, — l'hiver, la saison où la *végétation* est ralentie.

26. Les deux mouvements de la terre ont lieu de l'**ouest** à l'**est**.

AXE — PÔLES

27. La terre tourne sur elle-même comme si elle pivotait autour d'une ligne ou **axe** qui passerait par son milieu (voir *fig.* 6).

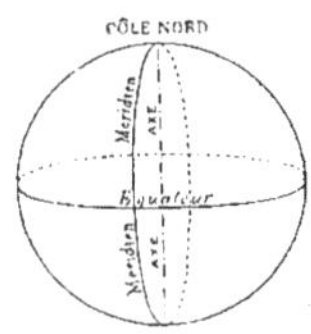

Fig. 6.

28. Les deux extrémités de l'axe de la terre sont les deux **pôles** (*fig.* 6).

29. Le pôle tourné vers l'étoile polaire est le **pôle nord**; il est appelé aussi pôle *arctique*, pôle *boréal*.

Le pôle opposé au pôle nord est le **pôle sud**; il est appelé aussi pôle *antarctique*, pôle *austral*.

ÉQUATEUR — MÉRIDIENS

30. Pour reconnaître un lieu sur la sphère terrestre, on a *imaginé* de tracer sur cette sphère un certain nombre de **cercles**.

31. Le grand cercle que l'on suppose tracé à égale distance des deux pôles est l'**équateur** (voir *fig.* 6 et 7).

32. L'équateur divise la sphère terrestre en deux **hémisphères**, c'est-à-dire en deux moitiés de sphère. Ces deux hémisphères sont (*fig.* 7) : l'*hémisphère boréal*, entre l'équateur et le pôle nord ; — l'*hémisphère austral*, entre l'équateur et le pôle sud.

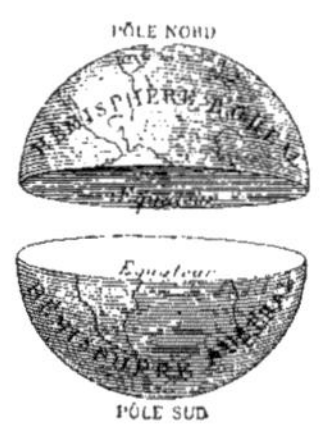

Fig. 7.

33. Les **méridiens** sont de grands cercles qui passent par les deux pôles (voir *fig.* 6 et 8).

34. Tout méridien divise la sphère terrestre en **deux moitiés** qui sont (voir *fig.* 8) : 1° l'*hémisphère oriental*, à droite du méridien; 2° l'*hémisphère occidental*, à gauche du méridien.

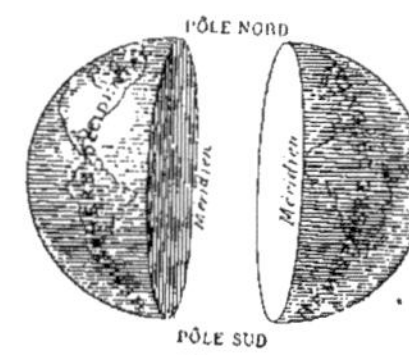

Fig. 8.

35. On donne le nom de **mappemonde** (1) à une carte représentant la terre coupée en deux hémisphères (voir la *carte*, page 3).

36. On appelle **planisphère** (voir page 18) une carte qui représente aussi tout le globe terrestre.

ATMOSPHÈRE — TERRES ET EAUX

37. L'**atmosphère** est la couche d'air qui enveloppe la terre.

(1) *Mappemonde* veut dire Carte du monde.

38. La surface de la terre est aux trois quarts recouverte par une grande nappe d'eau salée que l'on appelle la **mer**, ou l'**océan**.

39. La partie du globe (un quart) qui n'est pas recouverte par la mer forme des **continents** et des **îles**.

40. Un *continent* est une grande étendue de terre que l'on peut parcourir sans traverser la mer.

41. Il y a **trois** continents (voir la Mappemonde, page 3 : l'*ancien continent*, le *nouveau continent*, le *continent australien*.

42. L'ancien continent comprend **trois parties** du monde (2) : l'*Europe*, l'*Asie* l'*Afrique*.

43. Le nouveau continent ou continent américain forme, sous le nom d'*Amérique* la **quatrième partie** du monde.

44. L'Australie ou continent australien et les îles qui l'environnent forment, sous le nom d'*Océanie*, la **cinquième partie** du monde.

45. On divise en **cinq océans** la nappe d'eau salée ou *mer* qui recouvre les trois quarts du globe.

46. Les cinq océans sont : l'océan *Pacifique*, — l'océan *Atlantique*, — l'océan *Indien*, — l'océan glacial *Arctique* ou *du Nord*, — l'océan glacial *Antarctique* ou *du Sud* (voir la Mappemonde, page 3).

47. L'océan *Pacifique* ou *Grand Océan* se trouve entre l'Asie et l'Océanie d'une part, l'Amérique d'autre part.

48. L'océan *Atlantique* se trouve entre l'Europe et l'Afrique d'une part, l'Amérique d'autre part.

49. L'océan *Indien* se trouve entre l'Afrique d'une part, l'Asie méridionale et l'Océanie d'autre part.

50. L'océan glacial *Arctique* se trouve près du pôle nord. — L'océan glacial *Antarctique* se trouve près du pôle sud.

(2) Le mot *monde* s'emploie souvent pour désigner notre globe.

MOUVEMENT DE LA TERRE. — **21**. La terre est-elle immobile? — **22**. Combien la terre a-t-elle de mouvements? — **23**. Comment sont les deux mouvements de la terre? — **24**. Que produit le mouvement de rotation de la terre? — **25**. Que produit le mouvement de translation de la terre? — **26**. Dans quels sens ont lieu les deux mouvements de la terre?

AXE, PÔLES. — **27**. Expliquez ce qu'on entend par axe de la terre. — **28**. Qu'est-ce que les deux pôles? — **29**. Comment appelle-t-on les deux pôles?

EQUATEUR, MÉRIDIENS. — **30**. Qu'a-t-on imaginé pour reconnaître un lieu sur la sphère terrestre? — **31**. Comment s'appelle le grand cercle que l'on suppose tracé à égale distance des deux pôles? — **32**. Comment l'équateur divise-t-il la sphère terrestre? — **33**. Qu'appelle-t-on méridiens? — **34**. Comment les méridiens divisent-ils la sphère terrestre? — **35**. Quel nom donne-t-on à une carte qui représente la terre coupée en deux hémisphères? — **36**. Qu'appelle-t-on planisphère?

ATMOSPHÈRE, TERRES ET EAUX. — **37**. Qu'est-ce que l'atmosphère? — **38**. Par quoi sont recouverts les trois quarts de la surface de la terre? — **39**. De quoi est composée la partie du globe qui n'est pas recouverte par la mer? — **40**. Qu'est-ce qu'un continent? — **41**. Combien y a-t-il de continents? — **42**. En combien de parties divise-t-on l'ancien continent? — **43**. Quelle est la quatrième partie du monde formée par le nouveau continent? — **44**. Quelle est la cinquième partie du monde formée par le continent australien et les îles qui l'environnent? — **45**. En combien d'océans divise-t-on la nappe d'eau salée ou mer qui recouvre les trois quarts du globe? — **46**. Quels sont les cinq océans? — **47**. Où se trouve l'océan Pacifique? — **48**. Où se trouve l'océan Atlantique? — **49**. Où se trouve l'océan Indien? — **50**. Où se trouve l'océan glacial Arctique? — Où se trouve l'océan glacial Antarctique?

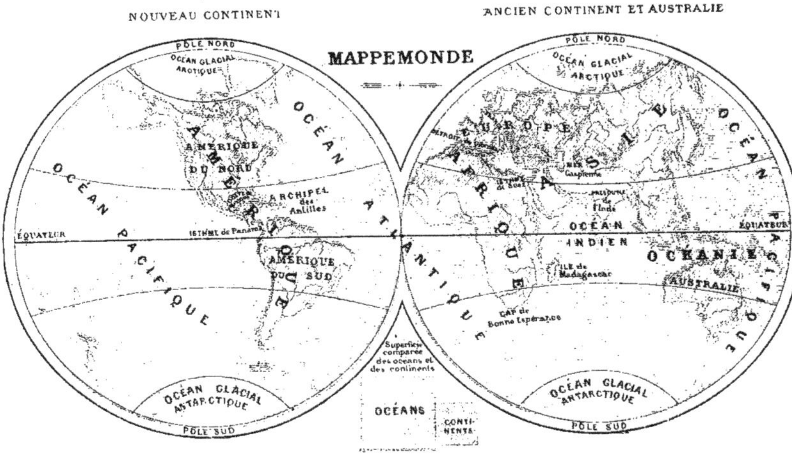

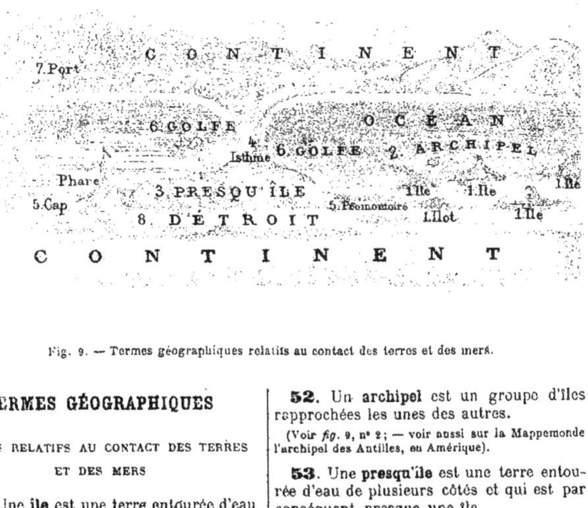

Fig. 9. — Termes géographiques relatifs au contact des terres et des mers.

TERMES GÉOGRAPHIQUES

TERMES RELATIFS AU CONTACT DES TERRES ET DES MERS

51. Une **île** est une terre entourée d'eau de tous côtés.

Les habitants d'une île sont appelés des *insulaires*.

Un *îlot* est une toute petite île.

(Voir *fig.* 9, nos 1; — voir aussi sur la Mappemonde l'île de Madagascar, sur la côte orientale d'Afrique).

52. Un **archipel** est un groupe d'îles rapprochées les unes des autres.

(Voir *fig.* 9, no 2; — voir aussi sur la Mappemonde l'archipel des Antilles, en Amérique).

53. Une **presqu'île** est une terre entourée d'eau de plusieurs côtés et qui est par conséquent presque une île.

On donne souvent le nom de *péninsule* à une grande presqu'île.

(Voir *fig.* 9, no 3; — voir aussi sur la Mappemonde la presqu'île ou péninsule de l'Inde, en Asie).

54. Un **isthme** est une bande étroite de terre qui sépare deux mers et relie deux terres.

(Voir *fig.* 9, no 4; — voir aussi sur la Mappemonde : 1o l'isthme de Suez, qui relie l'Afrique à l'Asie; 2o l'isthme de Panama, qui relie l'Amérique du Nord à l'Amérique du Sud).

55. Un **cap** est une partie de terre qui s'avance dans la mer.

Le cap reçoit quelquefois le nom de *pointe*, de *promontoire*.

(Voir *fig.* 9, no 5; — voir aussi sur la Mappemonde le cap de Bonne-Espérance, au sud de l'Afrique).

56. On appelle **côte, littoral, rivage,** la partie de la terre qui est baignée par la mer.

57. Un **golfe** est une partie de mer qui s'avance dans les terres.

Une *baie* est un petit golfe.

(Voir *fig.* 9, nos 6; — voir aussi sur la Mappemonde le golfe du Mexique, en Amérique).

58. Un *port* est un tout petit golfe à l'abri du vent où l'homme a fait des travaux pour que les navires puissent y charger et décharger des marchandises.

(Voir *fig.* 9, no 7).

59. Un **détroit** est un passage étroit que la mer s'ouvre entre deux terres.

Certains détroits portent le nom de *pas*, de *canal*, de *bosphore*.

(Voir *fig.* 9, no 8; — voir aussi sur la Mappemonde le détroit de Gibraltar, entre l'Europe et l'Afrique).

TERMES GÉOGRAPHIQUES RELATIFS AU CONTACT DES TERRES ET DES MERS. — **51.** Qu'est-ce qu'une île? — **52.** Qu'est-ce qu'un archipel? — **53.** Qu'est-ce qu'une presqu'île? — **54.** Qu'est-ce qu'un isthme? — **55.** Qu'est-ce qu'un cap? — **56.** Qu'appelle-t-on côte, littoral, rivage? — **57.** Qu'est-ce qu'un golfe? — **58.** Qu'est-ce qu'un port? — **59.** Qu'est-ce qu'un détroit? — Quels noms donne-t-on à certains détroits?

TERMES RELATIFS AU RELIEF (1)

DU SOL.

60. Le **sol** des continents et des îles est *plus ou moins élevé* au-dessus de la surface de la mer ou niveau de la mer.

61. On donne le nom de **plaine** au sol qui est uni et *peu élevé* au-dessus du niveau de la mer.

(Voir *fig.* 10, nº 1; — voir aussi sur la carte de France la plaine des Landes).

62. Le sol porte les noms de **plateau**, de **colline**, de **montagne** lorsqu'il est *beaucoup plus élevé* que le niveau de la mer ou le terrain environnant.

63. Un *plateau* est un terrain élevé et généralement *plat*.

(Voir *fig.* 10, nº 2; — voir aussi sur la carte de France le plateau de Langres).

64. Le plus souvent, on donne le nom de *colline* à une élévation de terre *qui a moins de* 500 *mètres* au-dessus du niveau de la mer.

500 mètres d'élévation, c'est 10 fois 1/2 la hauteur de la colonne Vendôme, à Paris. — C'est (2)..... fois la hauteur de notre clocher.

(Voir *fig.* 10, nº 3; — voir aussi sur la carte de France les collines de Normandie).

65. Le plus souvent on donne le nom de *montagne* à une élévation de terre *qui a plus de* 500 *mètres* de hauteur au-dessus du niveau de la mer.

(Voir *fig.* 10, nº 4; — voir sur la carte de France les montagnes des Vosges, du Jura, du Massif central, des Cévennes, des Alpes, des Pyrénées).

66. On appelle **chaine de montagnes** une suite de montagnes qui tiennent les unes aux autres.

Un *massif* est l'ensemble de plusieurs chaînes de montagnes.

(Voir *fig* 10, nºs 5 et 6; — voir aussi sur la carte de France la chaîne des monts Pyrénées, le Massif central).

67. On appelle **pied** d'une montagne la partie où cette montagne commence à s'élever au-dessus du sol environnant.

(Voir *fig.* 10, nº 7).

(1) Au relief du sol, c'est-à-dire *à la hauteur* du sol.

(2) A faire remplir par le maître.

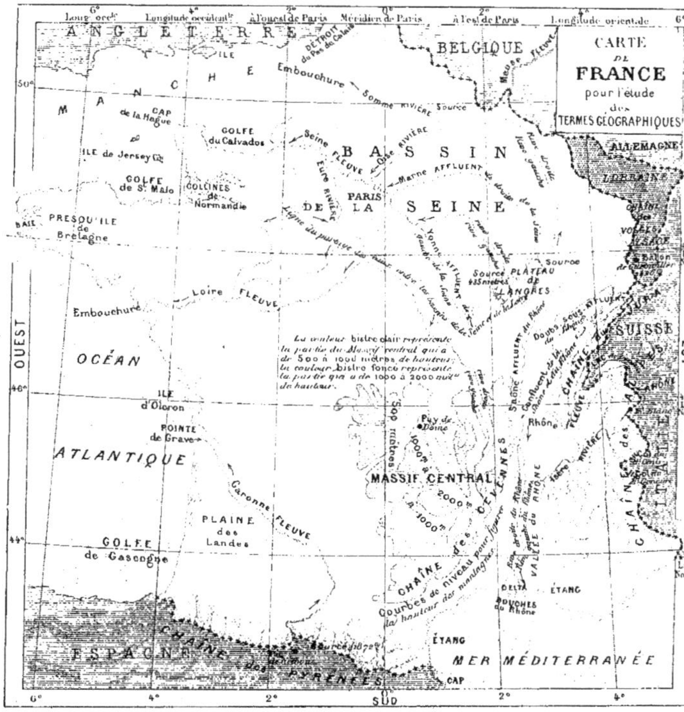

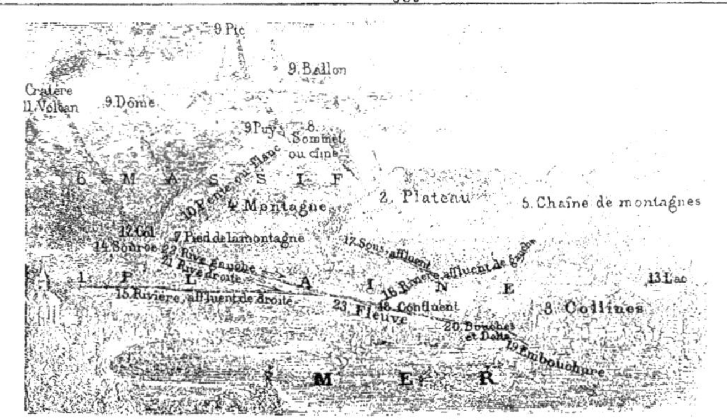

Fig. 10. — Termes géographiques relatifs au relief du sol et aux eaux.

TERMES GÉOGRAPHIQUES RELATIFS AU RELIEF DU SOL. — **60**. Le sol des continents et des îles n'est-il pas plus élevé que la surface des eaux de la mer ou niveau de la mer? — **61**. Quel nom donne-t-on au sol qui est uni et peu élevé au-dessus du niveau de la mer? — **62**. Quels sont les noms que l'on donne au sol lorsqu'il est beaucoup plus élevé que le niveau de la mer ou que le terrain environnant? — **63**. Qu'est-ce qu'un plateau? — **64**. Qu'est-ce qu'une colline? — **65**. Qu'est-ce qu'une montagne? — **66**. Qu'appelle-t-on chaine de montagnes? — **67**. Qu'appelle-t-on le pied d'une montagne?

68. Le **sommet** ou la **cime** d'une montagne est la partie la plus élevée de cette montagne.

(Voir *fig.* 10, n° 8).

69. On donne quelquefois le nom de *ballon*, de *puy*, de *dôme*, au sommet d'une montagne lorsque ce sommet est arrondi comme un ballon, comme un dôme (1). — Si le sommet est en pointe, il porte le nom de *pic*.

(Voir *fig.* 10, n°s 9; — voir aussi sur la carte de France le Ballon de Guebwiller dans la chaîne des Vosges; le Puy de Dôme dans le Massif central; le Pic de Néthou dans les Pyrénées.

70. La partie extérieure comprise entre le sommet et le pied de la montagne est la **pente** ou le **flanc** de la montagne.

(Voir *fig.* 10, n° 10).

71. On désigne par le nom de **versant** l'ensemble des pentes situées d'un même côté d'une chaîne de montagnes.

72. On appelle **ligne de faite** une ligne que l'on suppose passer par tous les sommets d'une chaîne de montagnes.

73. On représente les montagnes sur les cartes soit par des *hachures* (traits plus ou moins rapprochés), qui forment des ombres, — soit par des *courbes* de niveau, lignes courbes dont chacune exprime une certaine élévation au-dessus du niveau de la mer.

(Voir sur la carte de France les courbes de niveau qui expriment la hauteur du Massif central et de la chaîne des Cévennes. — Les montagnes des Vosges, du Jura, des Alpes, des Pyrénées, sont représentées par des hachures).

74. On appelle **volcan** une montagne qui rejette de la cendre ou des matières enflammées par une ouverture appelée *cratère*.

(Voir *fig.* 10, n° 11).

75. Une **vallée** est une étendue de terrain resserrée entre deux montagnes ou deux chaînes de montagnes.

Lorsque la vallée est très resserrée, n'offrant ainsi qu'un passage étroit entre les montagnes, elle prend les noms de *col*, de *défilé*, de *gorge*.

Un *vallon* est une étendue de terrain resserrée entre deux collines.

(Voir *fig.* 10, n° 12; — voir aussi sur la carte de France la vallée du Rhône, les cols du mont Cenis et du mont Genèvre dans la chaîne des Alpes).

(1) *Dôme*, voûte en forme de demi-sphère qui surmonte un édifice.

TERMES RELATIFS AUX LACS ET AUX EAUX COURANTES.

76. Les continents et les îles ont leurs *côtes* baignées par la mer, et leur partie *intérieure* arrosée par des **lacs** et des **cours d'eau**.

77. Un *lac* est une masse d'eau entourée de terre de tous côtés.

Certains lacs d'une grande étendue portent le nom de *mer*.

Un *étang* est un petit lac.

(Voir *fig.* 10, n° 13; — voir aussi sur la carte de France le lac de Genève, entre la France et la Suisse; — et sur la Mappemonde, la mer Caspienne, page 3).

78. Les cours d'eau et les lacs proviennent des *pluies* et de la *fonte* des neiges ou des glaces.

79. L'eau des cours d'eau se déplace, elle *coule*; — l'eau des lacs ne se déplace pas, elle est *stagnante*.

80. Les cours d'eau coulent parce que de l'endroit où ils sortent à l'endroit où ils finissent *il y a une pente*, c'est-à-dire que le terrain est plus ou moins incliné.

81. On appelle **source** d'un cours d'eau l'endroit où ce cours d'eau sort de terre et commence à couler.

(Voir *fig.* 10, n° 14; — voir aussi sur la carte de France la Source de la Garonne, qui est à 1 872 mètres au-dessus du niveau de la mer, et la source de la Seine, qui est à 435 mètres).

82. Un **affluent** est un cours d'eau qui se jette dans un autre cours d'eau.

(Voir *fig.* 10, n°s 15 et 16; — voir aussi sur la carte de France : la Marne, l'Yonne, affluents de la Seine; la Saône, affluent du Rhône).

83. Un **sous-affluent** est un cours d'eau qui se jette dans un affluent.

(Voir *fig.* 10, n° 17; — voir aussi sur la carte de France le Doubs, sous-affluent du Rhône).

84. On appelle **confluent** l'endroit où un cours d'eau se réunit à un autre cours d'eau.

(Voir *fig.* 10, n° 18; — voir aussi sur la carte de France le Confluent de la Saône et du Rhône).

85. On appelle **embouchure** l'endroit où un cours d'eau se jette dans la mer.

(Voir *fig.* 10, n° 19; — voir aussi sur la carte de France l'Embouchure de la Loire).

86. On donne le nom de **bouches** aux diverses embouchures d'un cours d'eau.

Lorsque l'espace de terrain compris entre des bouches a la forme d'un triangle, il s'appelle *delta*.

(Voir *fig.* 10, n° 20; — voir aussi sur la carte de France le Delta du Rhône).

87. On appelle **rives** les bords d'un cours d'eau. Il y a deux rives : la *rive droite* et la *rive gauche*.

Les affluents qui coulent sur la rive droite sont des *affluents de droite*; les affluents qui coulent sur la rive gauche sont des *affluents de gauche*.

88. Lorsqu'on est sur un pont, si l'on regarde dans le sens où l'eau du cours d'eau descend, on a la rive droite à sa droite, la rive gauche à sa gauche.

(Voir *fig.* 10, n°s 21 et 22; — voir aussi sur la carte de France la Rive droite et la Rive gauche de la Seine, du Rhône, de la Meuse).

89. Les cours d'eau, suivant leur importance, reçoivent les noms de **fleuve**, de **rivière**, de **ruisseau**.

90. Un *fleuve* est un cours d'eau très important qui se jette dans la mer.

(Voir *fig.* 10, n° 23; — voir aussi sur la carte de France : la Seine, la Loire, la Garonne, le Rhône).

91. Une *rivière* est un cours d'eau qui se jette dans un fleuve.

On donne souvent le nom de rivière à des cours d'eau peu importants qui se jettent *directement dans la mer*.

(Voir *fig.* 10, n°s 15 et 16; — voir aussi sur la carte de France : la Marne, l'Yonne, la Somme).

92. Un *ruisseau* est un tout petit cours d'eau.

(Voir *fig.* 10, n° 24).

93. On appelle **bassin** d'un fleuve toute l'étendue de pays arrosée par ce fleuve et par ses affluents.

(Voir sur la carte de France le Bassin de la Seine; ce bassin est indiqué par un grisé bleu).

94. On appelle **ligne de partage des eaux** la limite qui sépare deux bassins.

(Voir sur la carte de France la ligne de partage des eaux entre les bassins de la Loire et de la Seine; elle est indiquée par un pointillé bleu).

68. Qu'est-ce que le sommet ou la cime d'une montagne? — **69.** Quels sont les différents noms que reçoivent quelquefois les sommets des montagnes? — **70.** Qu'appelle-t-on flanc ou pente d'une montagne? — **71.** Qu'est-ce qu'un versant? — **72.** Qu'appelle-t-on ligne de faite? — **73.** Comment représente-t-on les montagnes sur les cartes? — **74.** Qu'appelle-t-on volcan? — **75.** Qu'est-ce qu'une vallée?

TERMES GÉOGRAPHIQUES RELATIFS AUX LACS ET AUX EAUX COURANTES. — **76.** Par quoi sont baignées les côtes des continents et des îles, et leur partie intérieure? — **77.** Qu'est-ce qu'un lac? — **78.** Par quoi sont formés les cours d'eau et les lacs? — **79.** Quelle différence y a-t-il entre l'eau des cours d'eau et celle des lacs? — **80.** Pourquoi les cours d'eau coulent-ils? — **81.** Comment appelle-t-on l'endroit où un cours d'eau commence à couler? — **82.** Qu'est-ce qu'un affluent? — **83.** Qu'est-ce qu'un sous-affluent? — **84.** Comment appelle-t-on l'endroit où un cours d'eau se réunit à un autre cours d'eau? — **85.** Comment appelle-t-on l'endroit où un cours d'eau se jette dans la mer? — **86.** Qu'appelle-t-on bouches d'un cours d'eau? — Qu'est-ce qu'un delta? — **87.** Qu'appelle-t-on rives d'un cours d'eau? — **88.** Où se trouvent la rive droite et la rive gauche d'un cours d'eau? — **89.** Suivant leur importance, quels noms donne-t-on aux différents cours d'eau? — **90.** Qu'est-ce qu'un fleuve? — **91.** Qu'est-ce qu'une rivière? — **92.** Qu'est-ce qu'un ruisseau? — **93.** Qu'appelle-t-on bassin d'un fleuve? — **94.** Qu'appelle-t-on ligne de partage des eaux?

EUROPE PHYSIQUE ET POLITIQUE

(Introduction à l'étude de la France).

95. L'**Europe** (voir la Mappemonde, page 3) est un *peu plus grande* que l'Océanie, mais elle est *trois* fois plus petite que l'Afrique et *quatre* fois plus petite que l'Amérique ou que l'Asie.

96. L'Europe est séparée de l'**Asie** par les monts Ourals, le fleuve Oural, la mer Caspienne, les monts Caucase, la mer Noire, la mer Méditerranée (voir la carte d'Europe, page 7).

97. L'Europe est séparée de l'**Afrique** par la mer Méditerranée.

98. L'Europe est séparée de l'**Amérique** par l'océan Atlantique.

99. L'Europe est baignée au **nord** par l'océan glacial Arctique.

100. En suivant les **côtes** de l'Europe *du nord-est au sud-est*, on rencontre :

1° l'océan glacial Arctique, — la mer Blanche, — le cap Nord, — la péninsule scandinave, — la presqu'île du Jutland, — la mer Baltique, — le golfe de Finlande, — le golfe de Bothnie;

2° l'Islande (grande île), — la mer du Nord, — les îles Britanniques, — le détroit du Pas de Calais, — le bras de mer que l'on appelle la Manche, — l'océan Atlantique, — le golfe de Gascogne, — la péninsule hispanique, — le cap Saint-Vincent;

3° le détroit de Gibraltar, — la mer Méditerranée, — le golfe du Lion, — l'île de Corse, — l'île de Sardaigne, — la péninsule italique, — la mer Tyrrhénienne, — l'île de Sicile, — la mer Ionienne, — la mer Adriatique, — la presqu'île de Morée, — l'île Candie, — la mer de l'Archipel;

4° le détroit des Dardanelles, — la mer de Marmara, — le détroit de Constantinople ou Bosphore, — la mer Noire, — la presqu'île de Crimée, — la mer d'Azov, — et, plus à l'est, la mer Caspienne.

101. Les principales **montagnes** d'Europe sont : les Alpes, — les Pyrénées, — les Balkans, — les Apennins, — les Karpathes.

Les Alpes sont les montagnes les plus importantes d'Europe; elles s'étendent sur le sud-est de la France, sur la Suisse, sur le nord de l'Italie, sur l'Autriche. Un des sommets des Alpes, le Mont-Blanc (voir la carte, page 8), a 4 810 mètres de hauteur.

Les monts Caucase et les monts Ourals n'ont qu'un versant en Europe; l'autre versant est en Asie (1).

102. Les principaux **fleuves** d'Europe sont, en suivant les côtes *du nord-est au sud-est* :

La Petchora, — la Dvina, — la Duna, — le Niémen, — la Vistule, — l'Oder, — l'Elbe, — le Rhin, — la Meuse, — la Seine, — la Loire, — la Garonne, — le Douro, — le Tage, — le Guadiana, — le Guadalquivir, — l'Èbre, — le Rhône, — le Pô, — le Danube, — le Dniéstr, — le Dniépr, — le Don, — le Volga, — l'Oural.

(1) La ligne avec croix noires qui se trouve à l'est des monts Ourals et au sud des monts Caucase marque la limite politique de la Russie.

103. Les plus grands **lacs** de l'Europe sont : les lacs Ladoga, Onéga, de Finlande, en Russie, — le lac Wéner, en Suède.

104. On appelle **État** une certaine étendue de pays dont les habitants vivent sous la même forme de gouvernement et ont, en général, la même origine.

Exemple : la France est un État, car elle comprend une certaine étendue de pays dont les habitants vivent sous la même forme de gouvernement : le gouvernement républicain, et ont les mêmes ancêtres : les Gaulois.

105. Les **18 États de l'Europe** sont, en allant *du nord-est au sud-est* :

1. La *Russie*, capitale Saint-Pétersbourg.
2. { La *Suède*, capitale Stockholm. / La *Norvège* (1), capitale Christiania.
3. Le *Danemark*, capitale Copenhague.
4. L'*Empire d'Allemagne*, capitale Berlin.
5. La *Hollande*, capitale Amsterdam.
6. La *Belgique*, capitale Bruxelles.
7. Le *Royaume-Uni de Grande-Bretagne et d'Irlande*, capitale Londres.

C'est le nom d'« Angleterre » qui est employé le plus souvent pour désigner le Royaume-Uni de Grande-Bretagne et d'Irlande.

8. La *France*, capitale Paris.
9. L'*Espagne*, capitale Madrid.
10. Le *Portugal*, capitale Lisbonne.
11. L'*Italie*, capitale Rome.
12. La *Suisse*, capitale Berne.
13. L'*Autriche-Hongrie* (2), capitale Vienne.
14. La *Serbie*, capitale Belgrade.
15. Le *Monténégro*, capitale Cettigne.
16. La *Turquie*, capitale Constantinople.
17. La *Grèce*, capitale Athènes.
18. La *Roumanie*, capitale Bukarest.

Les habitants de la Russie s'appellent *Russes*; — ceux de la Suède, *Suédois*; — de la Norvège, *Norvégiens*; — du Danemarck, *Danois*; — de l'empire d'Allemagne, *Allemands*; — de la Hollande, *Hollandais*; — de la Belgique, *Belges*; — de l'Angleterre, *Anglais*; — de l'Irlande, *Irlandais*; — de la France, *Français*; — de l'Espagne, *Espagnols*; — du Portugal, *Portugais*; — de l'Italie, *Italiens*; — de la Suisse, *Suisses*; — de l'Autriche, *Autrichiens*; — de la Hongrie, *Hongrois*; — de la Serbie, *Serbes*; — du Monténégro, *Monténégrins*; — de la Turquie, *Turcs*; — de la Grèce, *Grecs*; — de la Roumanie, *Roumains*.

Résumé

(a) *Étendue* : l'Europe est plus grande que l'Océanie, mais elle est bien plus petite que chacune des autres parties du monde.

(b) *Limites* : l'océan glacial Arctique, au nord; l'océan Atlantique, à l'ouest; la mer Méditerranée, au sud; l'Asie à l'est.

(c) *Mers et fleuves* :

L'océan glacial Arctique reçoit......	la Petchora;
La mer Blanche....	la Dvina;
La mer Baltique ...	la Duna, le Niémen, la Vistule, l'Oder;
La mer du Nord...	l'Elbe, le Rhin, la Meuse;
La Manche........	la Seine;
L'océan Atlantique..	la Loire, la Garonne, le Douro, le Tage, le Guadiana, le Guadalquivir;
La Méditerranée....	l'Èbre, le Rhône;
La mer Adriatique..	le Pô;
La mer Noire......	le Danube, le Dniéstr, le Dniépr;
La mer d'Azov.....	le Don;
La mer Caspienne..	le Volga, l'Oural.

Autres mers :

Mers Tyrrhénienne, Ionienne, de l'Archipel, de Marmara.

(d) *Iles* : Islande (au Danemark), — îles Britanniques, — Corse (à la France), — Sardaigne et Sicile (à l'Italie), — Candie (à la Turquie).

(e) *Presqu'îles* : péninsule scandinave, — presqu'île du Jutland, — péninsules hispanique, italique, — presqu'îles de Morée, de Crimée.

(f) *Caps* : caps Nord, Saint-Vincent, Matapan.

(g) *Golfes* : golfes de Finlande, de Bothnie, de Gascogne, du Lion.

(h) *Détroits* : du Pas de Calais, de Gibraltar, des Dardanelles, Bosphore.

(i) *Montagnes* : Alpes, Pyrénées, Balkans, Apennins, Karpathes.

(j) *Lacs* : Ladoga, Onéga, Saïma, Wéner.

(k) *États* :

1° Républiques : France, Suisse;

2° Empires : Russie, Allemagne, Autriche-Hongrie, Turquie;

3° Royaumes : Suède et Norvège, Danemark, Angleterre, Hollande, Belgique, Portugal, Espagne, Italie, Grèce, Roumanie, Serbie.

4° Principauté : Monténégro.

(l) *Capitales d'États* : Paris (France), — Berne (Suisse), — Saint-Pétersbourg (Russie), — Berlin (Allemagne), — Vienne (Autriche-Hongrie), — Constantinople (Turquie), — Stockholm (Suède) et Christiania (Norvège), — Copenhague (Danemark), — Londres (Angleterre), — Amsterdam (Hollande), — Bruxelles (Belgique), — Lisbonne (Portugal), — Madrid (Espagne), — Rome (Italie), — Athènes (Grèce), — Bukarest (Roumanie), — Belgrade (Serbie), — Cettigne (Monténégro).

(1) La Suède et la Norvège sont gouvernées par un même roi.

(2) L'Autriche-Hongrie est un empire formé de deux États gouvernés par un même souverain. Ces deux États sont : l'Autriche, capitale Vienne, et la Hongrie, capitale Budapesth.

FRANCE

SA SITUATION EN EUROPE SES BORNES

106. Les **mers** qui baignent la France sont : la mer du Nord, la Manche, l'océan Atlantique, la mer Méditerranée.

107. **Quatre États** d'Europe ont une *étendue* plus grande que celle de la France;

EUROPE PHYSIQUE ET POLITIQUE. — **95**. Quelle est l'étendue de l'Europe par rapport aux autres parties du monde? — **96**. Qu'est-ce qui sépare l'Europe de l'Asie? — **97**. Qu'est-ce qui sépare l'Europe de l'Afrique? — **98**. Qu'est-ce qui sépare l'Europe de l'Amérique? — **99**. Quel est l'océan qui baigne l'Europe au nord? — **100**. Décrivez les côtes de l'Europe du nord-est au sud-est. — **101**. Quelles sont les principales montagnes d'Europe? — **102**. Quels sont les principaux fleuves d'Europe? — **103**. Quels sont les plus grands lacs d'Europe? — **104**. Qu'appelle-t-on État? — **105**. Quels sont les 18 États de l'Europe?

SITUATION DE LA FRANCE EN EUROPE, SES BORNES. — **106**. Quelles sont les mers qui baignent la France? — **107**. Quels sont les quatre États d'Europe qui ont

NOTA : Toute la partie de l'Europe teintée en couleur bistre a plus de 500 mètres au dessus du niveau de la mer.

ce sont : la Russie, la Suède et la Norvège, l'Autriche-Hongrie, l'empire d'Allemagne.

Tous les autres États d'Europe sont plus *petits* que la France.

108. La **Russie** est l'État d'Europe qui est le *plus éloigné* de la France.

109. Les États d'Europe qui **touchent** la France sont : la Belgique, au nord; — le Luxembourg (1), l'empire d'Allemagne, la Suisse, l'Italie, à l'est; — l'Espagne, au sud.

110. La France est séparée de l'**Algérie** et de la **Tunisie**, contrées africaines, par la mer Méditerranée. L'Algérie est la principale colonie de la France; la Tunisie, voisine de l'Algérie, est un assez grand pays placé sous le protectorat français.

111. La France est séparée des **îles Britanniques**, un des plus puissants États de l'Europe, par la mer de la Manche et le détroit du Pas de Calais.

(1) Le Luxembourg est un grand-duché indépendant, c'est-à-dire ayant des lois et une administration particulières. Il a pour souverain le roi de Hollande.

Résumé

(a) Les bornes de la France sont :
au nord : le Pas de Calais, la mer du Nord, la Belgique;
à l'est : le Luxembourg, l'Allemagne, la Suisse, l'Italie;
au sud : la Méditerranée, l'Espagne;
à l'ouest : l'Atlantique, la Manche.

(b) La France est plus petite que la Russie, que la Suède et la Norvège, que l'Autriche-Hongrie, que l'Allemagne; elle est plus grande que chacun des autres États d'Europe.

(c) L'Algérie, vaste contrée au nord de l'Afrique, appartient à la France. La Tunisie, voisine de l'Algérie, est placée sous le protectorat français.

(d) La France est séparée des îles Britanniques par la Manche et le Pas de Calais.

---

chacun une étendue plus grande que celle de la France? — **108.** Quel est l'État d'Europe qui est le plus éloigné de la France? — **109.** Quels sont les États d'Europe qui touchent la France? — **110.** Quelle est la contrée, au nord de l'Afrique, qui appartient à la France? — **111.** Quel est l'État d'Europe qui est séparé de la France par la mer de la Manche et le détroit du Pas de Calais? — Par quel nom désigne-t-on le plus souvent cet État?

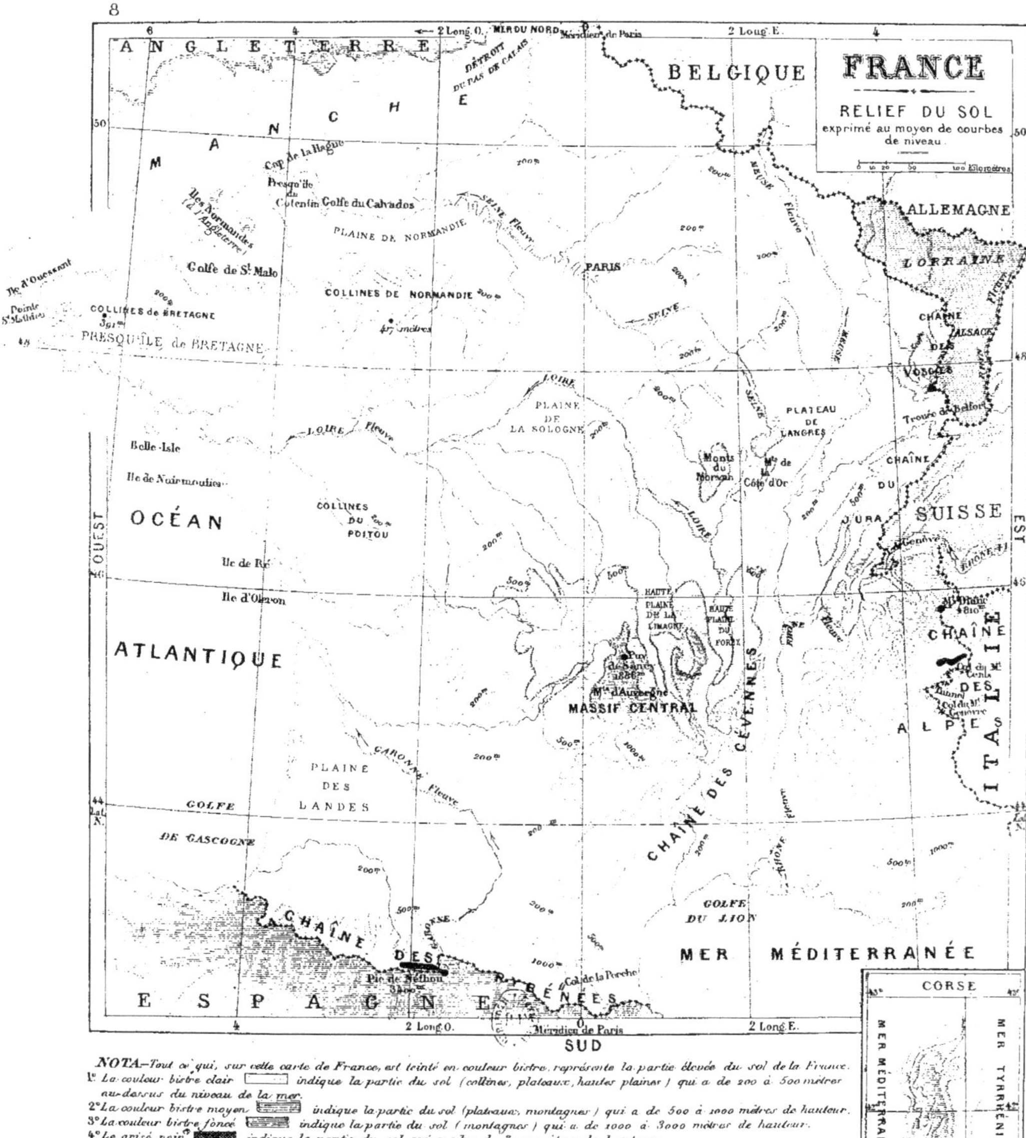

NOTA. — *Tout ce qui, sur cette carte de France, est teinté en couleur bistre, représente la partie élevée du sol de la France.*

1° *La couleur bistre clair* ▭ *indique la partie du sol (collines, plateaux, hautes plaines) qui a de 200 à 500 mètres au-dessus du niveau de la mer.*

2° *La couleur bistre moyen* ▭ *indique la partie du sol (plateaux, montagnes) qui a de 500 à 1000 mètres de hauteur.*

3° *La couleur bistre foncé* ▭ *indique la partie du sol (montagnes) qui a de 1000 à 3000 mètres de hauteur.*

4° *Le grisé noir* ▬ *indique la partie du sol qui a plus de 3000 mètres de hauteur.*

5° *Les montagnes des pays voisins de la France ont été exprimées par des hachures afin que l'Élève ait sous les yeux, en même temps, les deux procédés dont on se sert pour interpréter le relief du sol.*

FRANCE — SES COTES

112. Les îles de la Manche situées près des côtes de France sont les *îles Normandes ;* elles appartiennent à l'Angleterre.

113. Les îles de l'océan Atlantique situées près des côtes de France sont : *Ouessant, Belle-Isle, Noirmoutier, Ré, Oleron.*

114. Les golfes creusés par la Manche sur les côtes de France sont : le *golfe du Calvados* et le *golfe Saint-Malo.*

115. La *presqu'île du Cotentin* s'avance entre le golfe du Calvados et le golfe Saint-Malo.

116. Le cap qui termine la presqu'île du Cotentin est le *cap de la Hague.*

117. La *presqu'île de Bretagne* s'avance entre la Manche et l'océan Atlantique.

118. Le *cap* ou la *pointe Saint-Mathieu* termine la presqu'île de Bretagne.

119. Le golfe creusé par l'océan Atlantique sur les côtes de France est le *golfe de Gascogne.*

120. Le golfe creusé par la mer Méditerranée sur les côtes de France est le *golfe du Lion.*

121. L'île de *Corse*, située dans la mer Méditerranée, appartient à la France.

122. La France possède des côtes à la fois sur la mer Méditerranée et sur l'océan Atlantique.

123. Par ses côtes situées sur ces deux mers, la France *communique* facilement avec toutes les villes maritimes d'Europe et du monde.

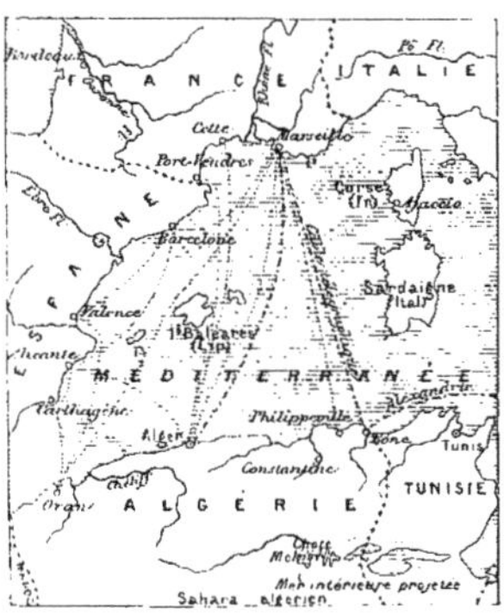

Fig. 11. — Communications entre la France et l'Algérie.

124. La France a des côtes *très découpées* qui ont permis l'établissement de bons ports où peuvent s'abriter de nombreux vaisseaux chargés de marchandises.

Les principaux ports marchands de la France sont : Marseille (sur la mer Méditerranée), — le Havre et Bordeaux (sur l'océan Atlantique), — Dunkerque (sur la mer du Nord.)

Le port de Marseille n'est qu'à trente-six heures de l'Algérie, la plus belle de nos colonies et que l'on peut même considérer comme une France africaine.

Résumé

(a) Les principales îles situées près des côtes de France sont : les îles Normandes (à l'Angleterre), les îles françaises d'Ouessant, de Belle-Isle, de Noirmoutier, de Ré, d'Oleron, la Corse.

(b) Les principaux golfes creusés sur les côtes de France sont : le golfe du Calvados, le golfe Saint-Malo, le golfe de Gascogne, le golfe du Lion.

(c) Les principales presqu'îles de France sont : la presqu'île du Cotentin, la presqu'île de Bretagne.

(d) Les principaux caps de la France sont : le cap de la Hague, la pointe Saint-Mathieu.

FRANCE — LE RELIEF DU SOL

125. La **région des plaines**, en France, se trouve à l'ouest (voir la carte p. 8).

126. Les *principales plaines* de France sont : la plaine de Flandre, la plaine du bassin Parisien, la plaine du Centre, la plaine des Landes, la plaine du bas Languedoc.

127. La **région des montagnes**, en France, se trouve à l'est.

Avis. — Les collines, les plateaux et les montagnes sont représentés sur la carte page 8 au moyen de lignes courbes de couleur bistre clair, — bistre moyen rosé, — bistre foncé rosé, — et grisé noir.

Pour tracer ces lignes courbes, on *suppose* que le sol de la France s'abaisse de 200 mètres, — de 500 mètres, — de 1 000 mètres, — de 3000 mètres, comme dans les figures 12, 13, 14, 15.

— On voit alors que si le sol *s'affaissait de 200 mètres* (figure 12), les eaux de la mer envahiraient toute une région de la France, celle des basses plaines.

Fig. 12. — Le sol s'affaisse de 200 mètres.

— Si le sol de la France *s'affaissait de 500 mètres* (figure 13), les eaux couvriraient, indépendamment des basses plaines, les collines de Normandie, de Bretagne, du Poitou et les hautes plaines de la Limagne et du Forez.

Fig 13. — Le sol s'affaisse de 500 mètres.

Les côtes de la France. — **112**. Quelles sont les îles anglaises de la Manche situées près des côtes de France? — **113**. Quelles sont les îles de l'océan Atlantique situées près des côtes de France? — **114**. Quels sont les golfes creusés par la Manche sur les côtes de France? — **115**. Quelle est la presqu'île qui s'avance entre le golfe du Calvados et le golfe Saint-Malo? — **116**. Par quel cap la presqu'île du Cotentin est-elle terminée? — **117**. Quelle est la presqu'île qui s'avance entre la Manche et l'océan Atlantique? — **118**. Par quel cap ou pointe la presqu'île de Bretagne est-elle terminée? — **119**. Quel est le golfe creusé par l'océan Atlantique sur les côtes de France? — **120**. Quel est le golfe creusé par la mer Méditerranée sur les côtes de France? — **121**. Quelle est l'île située dans la mer Méditerranée et qui appartient à la France? — **122**. La France ne possède-t-elle pas à la fois des côtes sur la Méditerranée et sur l'océan Atlantique? — **123**. Quel avantage la France retire-t-elle de la situation de ses côtes? — **124**. Les côtes de France ne sont-elles pas très découpées? — Citez les quatre grands ports marchands de la France. — En combien d'heures se rend-on de Marseille en Algérie?

Relief du sol de la France. — **125**. Où se trouve la région des plaines en France? — **126**. Quelles sont les principales plaines de France? — **127**. Où se trouve en France la région des montagnes?

— Si le sol de la France *s'affaissait de* 1 000 *mètres* (figure 14), les montagnes des Vosges, les monts du Morvan, les monts de la Côte-d'Or, une partie du Massif central et du Jura, seraient sous les flots.

Fig. 14. — Le sol s'affaisse de 1 000 mètres.

— Enfin, si le sol de la France *s'affaissait de* 3 000 *mètres* (figure 15), seuls, les hauts sommets des Alpes et des Pyrénées surnageraient.

Fig. 15. — Le sol s'affaisse de 3 000 mètres.

128. Les *principales montagnes* de France sont :

1° la chaîne des **Alpes**, entre la France, la Suisse et l'Italie;

2° la chaîne des **Pyrénées**, entre la France et l'Espagne;

3° le *Massif central*, au *centre* de la France, formé de plusieurs chaînes dont les principales sont la longue chaîne des Cévennes et les monts d'Auvergne;

4° la chaîne du *Jura*, entre la France et la Suisse;

5° la chaîne des *Vosges*, entre la France et l'Alsace, une de nos anciennes provinces, occupée provisoirement par l'Allemagne.

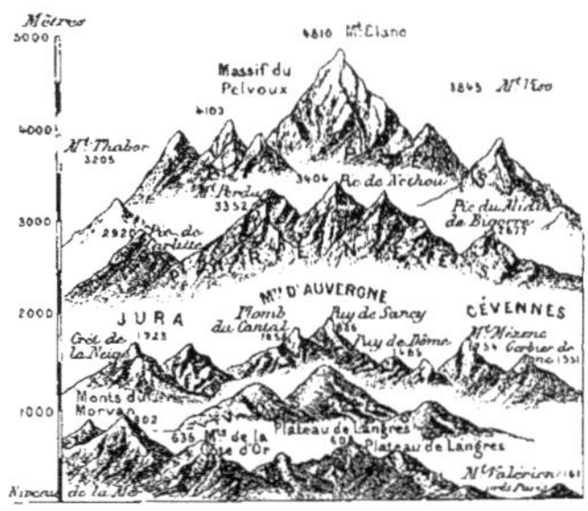

Fig. 16. — Hauteur comparative des montagnes de France.

129. Les *hauteurs secondaires* de la France s'étendent entre les Cévennes et les Vosges; tels sont : les monts du Morvan, les monts de la Côte-d'Or, le plateau de Langres.

130. Les **sommets** des Alpes, des Pyrénées ont une hauteur considérable; les sommets du Massif central, du Jura, des Vosges, sont de moitié moins élevés que les sommets des Alpes et des Pyrénées.

131. Le **mont Blanc**, dans les Alpes, sur la frontière de France, a 4 810 mètres de hauteur; c'est le plus haut pic des montagnes d'Europe.

Fig. 17. — Le mont Blanc.

Une autre région très élevée des Alpes françaises est le massif du *Pelvoux*, dont un pic atteint 4 103 mètres.

Le *pic de Néthou*, dans les Pyrénées espagnoles, atteint 3 404 mètres de hauteur.

Le *puy de Sancy*, dans le Massif central (monts d'Auvergne), atteint 1 886 mètres de hauteur.

132. Les Alpes, les Pyrénées ont quelques **cols** où sont établies des routes; tels sont : les cols du *mont Cenis* et du *mont Genèvre* dans les Alpes, le col de *la Perche* dans les Pyrénées.

Près du col du mont Cenis on a percé dans la montagne une voûte souterraine ou *tunnel* par où passe le chemin de fer qui va de France en Italie.

133. Dans la *région des plaines*, on trouve quelques **hautes collines**, comme les collines de Normandie, de Bretagne, du Poitou.

On trouve aussi quelques **hautes plaines** dans la *région des montagnes;* telles sont les plaines de la Limagne et du Forez, dans le Massif central.

134. Le sol de la *Corse* est **montagneux**.

Résumé

(**a**) La région des plaines, en France, se trouve à l'ouest; la région des montagnes se trouve à l'est.

(**b**) Les principales plaines sont : les plaines de Flandre, du bassin Parisien, du Centre, des Landes, du bas Languedoc, les hautes plaines de la Limagne et du Forez.

(**c**) Les chaînes de montagnes de *premier ordre* sont : les Alpes, les Pyrénées.

(**d**) Les chaînes de montagnes de *deuxième ordre* sont : le Massif central, le Jura, les Vosges.

(**e**) Les hauteurs de *troisième ordre* sont : les monts du Morvan, les monts de la Côte-d'Or.

(**f**) Les hauteurs de *quatrième ordre* sont : les collines de Normandie, les collines de Bretagne, les collines du Poitou, le plateau de Langres.

(**g**) Le mont Blanc, dans les Alpes, a 4 810 mètres; le pic de Néthou, dans les Pyrénées, a 3 404 mètres; le puy de Sancy, dans le Massif central, a 1 886 mètres.

128. Quelles sont les principales montagnes de France? — **129**. Quelles sont les hauteurs secondaires de la France? — **130**. Quelle est la hauteur des principales montagnes de la France? — **131**. Quels sont les pics les plus élevés des Alpes, des Pyrénées, du Massif central? — **132**. Citez quelques cols des Alpes et des Pyrénées. — **133**. N'y a-t-il pas quelques endroits élevés dans la région des plaines et quelques plaines dans la région des montagnes? — **134**. Le sol de la Corse est-il montagneux ou plat? — Comment appelle-t-on l'habitant d'un pays montagneux?

FRANCE — BASSINS PRINCIPAUX

135. Les **quatre grands fleuves** qui rrosent la France sont :

La *Loire*;... longueur : 1 000 kilom.
Le *Rhône*; .. — 800 —
La *Seine*; ... — 800 —
La *Garonne*;. — 600

136. Les terres arrosées par ces quatre rands fleuves et par leurs affluents forment **quatre bassins principaux** : le bassin *de la Loire*, le bassin *du Rhône*, le bassin *de la Seine*, le bassin *de la Garonne*.

1° BASSIN DE LA LOIRE

137. La **Loire** a sa *source* dans la chaîne des Cévennes et son *embouchure* dans l'océan Atlantique.

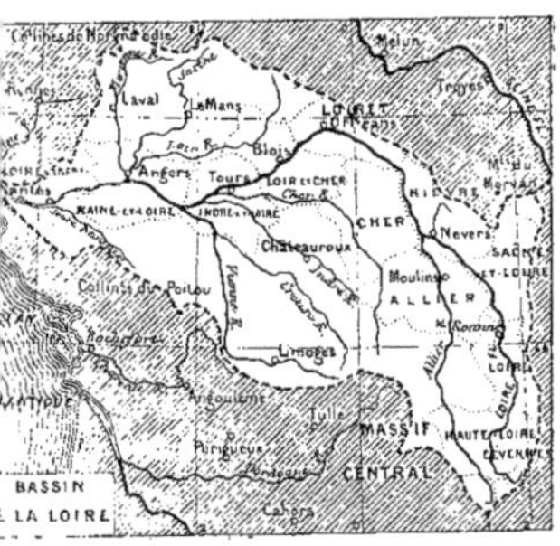

Fig. 18. — Bassin de la Loire.

La Loire coule d'abord vers le nord-ouest jusqu'à Orléans, puis à l'ouest jusqu'à la mer.

La Loire est le moins navigable de nos fleuves : tantôt elle est complètement à sec; tantôt, au contraire, elle se gonfle tellement, qu'elle déborde et inonde les campagnes riveraines. Pour protéger celles-ci, on a fait le long des berges de la Loire des terrassements appelés *levées*.

138. Les **affluents de droite** de la Loire sont : la *Nièvre*, la *Maine*.

La Maine est formée par la réunion de la *Mayenne* et de la *Sarthe*; la Sarthe est elle-même grossie du *Loir*.

139. Les **affluents de gauche** de la Loire sont : l'*Allier*, rivière très importante, le *Cher*, l'*Indre*, la *Vienne*, la *Sèvre nantaise*.

La Vienne, affluent de gauche de la Loire, reçoit la *Creuse*.

140. La Loire arrose les villes de *Roanne*, *Nevers*, *Orléans*, *Blois*, *Tours*, *Nantes*, *Saint-Nazaire*.

La Nièvre arrose *Nevers*.
La Maine ... — *Angers*.
La Mayenne — *Laval*.
La Sarthe... — *Alençon*, *le Mans*.
L'Allier .. — *Moulins*.
L'Indre ... — *Châteauroux*.
La Vienne.. — *Limoges*.

2° BASSIN DU RHÔNE

141. Le **Rhône** a sa *source* dans un des principaux massifs des Alpes de Suisse (voir la carte d'Europe, page 7), et son *embouchure* dans la mer Méditerranée.

Fig. 19. — Bassin du Rhône.

Le Rhône descend d'abord vers le lac de Genève, qu'il traverse, puis il pénètre en France, contourne l'extrémité méridionale de la chaîne du Jura, et arrive à Lyon. Jusqu'à cette ville, la direction générale du Rhône est celle de l'est à l'ouest.

A partir de Lyon, le Rhône coule en ligne droite du nord au sud jusqu'à la mer Méditerranée.

Avant de se jeter dans la Méditerranée, le Rhône se divise, à la ville d'Arles, en plusieurs branches appelées *bouches* du Rhône; l'espace de terrain compris entre ces bouches est le *delta* du Rhône.

142. Les **affluents de droite** du Rhône sont : l'*Ain*, la *Saône*, rivière très importante, l'*Ardèche*, le *Gard*.

La Saône, affluent de droite du Rhône, reçoit le *Doubs*.

143. Les **affluents de gauche** du Rhône sont : l'*Isère*, la *Drôme*, la *Durance*.

144. Le Rhône arrose les villes de *Lyon*, *Vienne*, *Valence*, *Avignon*, *Arles*.

La Saône arrose *Chalon-sur-Saône*, *Mâcon* et *Lyon*.
Le Doubs .. — *Besançon*.
Le Gard ... — *Alais*.
L'Isère..... — *Grenoble*.

3° BASSIN DE LA SEINE

145. La **Seine** a sa *source* au plateau de Langres, et son *embouchure* dans la mer de la Manche.

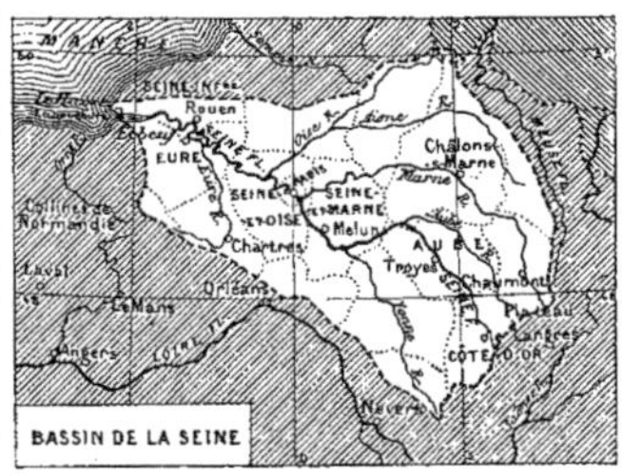

Fig. 20. — Bassin de la Seine.

La Seine coule d'abord vers le nord-ouest jusqu'à son confluent avec l'Aube, puis elle fait un coude jusqu'à Paris. A partir de Paris, la Seine décrit de nombreuses sinuosités et se dirige vers l'ouest.

146. Les **affluents de droite** de la Seine sont : l'*Aube*, la *Marne*, l'*Oise*.

L'Oise, affluent de droite de la Seine, reçoit l'*Aisne*.

147. Les **affluents de gauche** de la Seine sont : l'*Yonne*, l'*Eure*.

148. La Seine arrose les villes de *Troyes*, *Melun*, *Paris*, *Elbeuf*, *Rouen*, *le Havre*.

La Marne passe au pied de *Chaumont* et arrose *Châlons-sur-Marne*.
L'Yonne baigne *Auxerre*.
L'Eure ... — *Chartres*.

BASSINS PRINCIPAUX DE LA FRANCE. — **135.** Quels sont les quatre grands fleuves qui arrosent la France? — **136.** Que forment les terres arrosées par les quatre grands fleuves de la France et par leurs affluents? — **137.** Où la Loire a-t-elle sa source et son embouchure? — Décrivez le cours de la Loire. — **138.** Quels sont les affluents de droite de la Loire? — **139.** Quels sont les affluents de gauche de la Loire? — **140.** Quelles sont les villes arrosées par la Loire, par ses affluents et sous-affluents? — **141.** Où le Rhône a-t-il sa source et son embouchure? — Décrivez le cours du Rhône. — A partir de quelle ville le Rhône se divise-t-il en plusieurs branches? — Quel nom donne-t-on à ces branches? — Qu'appelle-t-on le delta du Rhône? — **142.** Quels sont les affluents de droite du Rhône? — **143.** Quels sont les affluents de gauche du Rhône? — **144.** Quelles sont les villes arrosées par le Rhône, par ses affluents et sous-affluents? — **145.** Où la Seine a-t-elle sa source et son embouchure? — Décrivez le cours de la Seine. — **146.** Quels sont les affluents de droite de la Seine? — **147.** Quels sont les affluents de gauche de la Seine? — **148.** Quelles sont les villes arrosées par la Seine et par ses affluents?

4° BASSIN DE LA GARONNE

149. La **Garonne** a sa *source* dans les Pyrénées espagnoles, et son *embouchure* dans l'océan Atlantique.

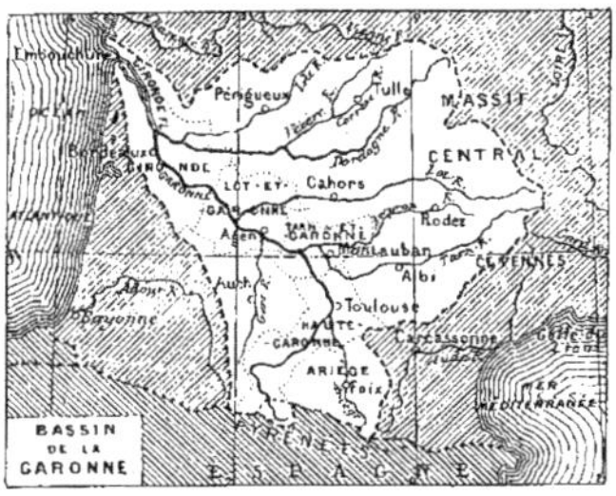

Fig. 21. — Bassin de la Garonne.

La Garonne coule d'abord vers le nord-est jusqu'à Toulouse, puis vers le nord-ouest, à partir de cette ville.

150. Les **affluents de droite** de la Garonne sont : l'*Ariège*, le *Tarn*, le *Lot*, la *Dordogne*.

Le Tarn, affluent de droite de la Garonne, reçoit l'*Aveyron*. — La Dordogne, affluent de droite de la Garonne, reçoit l'*Isle* et la *Vézère*; la Vézère est elle-même grossie de la *Corrèze*.

151. Un des principaux **affluents de gauche** de la Garonne est le *Gers*.

152. La Garonne prend le nom de **Gironde** depuis l'endroit où elle reçoit la Dordogne jusqu'à l'endroit où elle se jette dans l'océan Atlantique.

153. La Garonne arrose les villes de *Toulouse*, *Agen*, *Bordeaux*.

L'Ariège arrose	*Foix.*
Le Tarn... —	*Albi, Montauban.*
L'Aveyron —	*Rodez.*
Le Lot.... —	*Mende, Cahors.*
La Corrèze —	*Tulle.*
L'Isle..... —	*Périgueux.*
Le Gers... —	*Auch.*

BASSINS SECONDAIRES

154. La France *n'est pas arrosée seulement* par la Loire, le Rhône, la Seine, la Garonne et les affluents et sous-affluents de ces fleuves; *elle a encore d'autres cours d'eau* qui se jettent directement dans la mer et qui forment autant de **bassins secondaires.**

155. Les plus importants de ces cours d'eau sont : les fleuves de *la Meuse*, de *l'Escaut*, — les rivières de *la Somme*, de *l'Orne*, de *la Vire*, de *la Vilaine*, de *la Sèvre niortaise*, de *la Charente*, de *l'Adour*, — de *l'Aude*, de *l'Hérault*, du *Var*.

156. La *Meuse* se jette dans la mer du Nord (voir la carte d'Europe, page 7) après avoir traversé la Belgique et la Hollande.

La Meuse arrose *Mézières*.

157. L'*Escaut*, grossi de la *Scarpe*, se jette dans la mer du Nord après avoir traversé la Belgique et la Hollande.

L'Escaut arrose *Cambrai*, *Valenciennes*. — La Scarpe, affluent de gauche de l'Escaut, arrose *Arras* et *Douai*.

158. La Somme, l'Orne, la Vire, la Vilaine, la Sèvre niortaise, la Charente, l'Adour, se jettent dans la *Manche* et l'océan *Atlantique*.

La Somme arrose	*Saint-Quentin, Amiens.*
L'Orne....... baigne	*Caen.*
La Vire......... —	*Saint-Lô.*
La Vilaine....... —	*Rennes.*
La Sèvre niortaise—	*Niort.*
La Charente..... —	*Angoulême, Rochefort.*
L'Adour......... —	*Tarbes, Bayonne.*

159. L'Aude, l'Hérault, le Var se jettent dans la mer *Méditerranée*.

L'Aude arrose *Carcassonne*.

160. La France est arrosée aussi par une rivière importante : la *Moselle*, qui forme un bassin secondaire. La *Moselle*, grossie de la *Meurthe*, se jette dans le **Rhin**, grand fleuve qui coule en Suisse, en Allemagne et en Hollande (voir la carte d'Europe, page 7).

La Moselle passe à *Épinal*. — La Meurthe arrose *Nancy*.

Fig. 22. — Bassin du Rhin.

Résumé

(a) La France est arrosée par de nombreux cours d'eau, qui sont :

1° la Loire et la Seine, dont la source et l'embouchure sont en France;

2° le Rhône et la Garonne, qui prennent leur source dans des pays voisins (le Rhône, en Suisse; la Garonne, en Espagne), mais qui ont leur embouchure ainsi que la plu grande partie de leur cours e France;

3° la Meuse et l'Escaut, qui ont leu source et une partie de leur cour en France, mais qui ont leur em bouchure en Hollande;

4° la Moselle, affluent du Rhin, l'u des grands fleuves de l'Europe;

5° quelques fleuves côtiers ou rivière (Somme, Orne, Vire, Vilaine, Sèvr niortaise, Charente, Adour, Aud Hérault, Var), qui se jettent dans l mer de la Manche, l'océan Atlan tique, la mer Méditerranée.

(b) La Loire a la Nièvre, la Maine, pou affluents de droite, — l'Allier, le Che l'Indre, la Vienne, la Sèvre nantaise pour affluents de gauche.

(c) La Loire arrose les villes de Roann — Nevers, — Orléans, — Blois, — Tours, — Nantes, — Saint-Nazaire

(d) Le Rhône a l'Ain, la Saône, l'Ardèche le Gard, pour affluents de droite, — l'Isère, la Drôme, la Durance, pou affluents de gauche.

(e) Le Rhône arrose les villes de Lyon — Vienne, — Valence, — Avignon — Arles.

(f) La Seine a l'Aube, la Marne, l'Oise pour affluents de droite, — l'Yonne l'Eure, pour affluents de gauche.

(g) La Seine arrose les villes de Troyes — Melun, — Paris, — Elbeuf, — Rouen, — le Havre.

(h) La Garonne a l'Ariège, le Tarn, le Lot, la Dordogne, pour affluents de droite, — le Gers, pour affluent de gauche.

(i) La Garonne arrose les villes de Toulouse, — Agen, — Bordeaux.

---

149. Où la Garonne a-t-elle sa source et son embouchure? — **150.** Quels sont les affluents de droite de la Garonne? — **151.** Citez un des principaux affluents de gauche de la Garonne. — **152.** Comment appelle-t-on la Garonne depuis l'endroit où elle reçoit la Dordogne jusqu'à l'endroit où elle se jette dans l'océan Atlantique? — **153.** Quelles sont les villes arrosées par la Garonne, par ses affluents et sous-affluents? — **154.** La France n'est-elle arrosée que par la Loire, le Rhône, la Seine, la Garonne, et les affluents et sous-affluents de ces fleuves? — **155.** Quels sont les plus importants de ces autres cours d'eau? — **156.** Parlez de la Meuse. — **157.** Parlez de l'Escaut. — **158.** Parlez de la Somme, de l'Orne, de la Vire, de la Vilaine, de la Sèvre niortaise, de la Charente, de l'Adour. — **159.** Parlez de l'Aude, de l'Hérault, du Var. — **160.** Parlez de la Moselle. — Quels sont les pays arrosés par le Rhin?

NOTA. – 1° Tout ce qui, sur cette carte de France, est teinté en couleur bistre, représente la partie du sol ayant plus de 200 mètres au-dessus du niveau de la mer.

2° Les lignes de partage des eaux sont en noir; elles délimitent les bassins. Pour plus de simplicité, on a rattaché aux quatre bassins principaux la plupart des bassins secondaires.

Le signe ------ indique la limite des bassins principaux. – Le signe .... indique la limite des bassins secondaires.

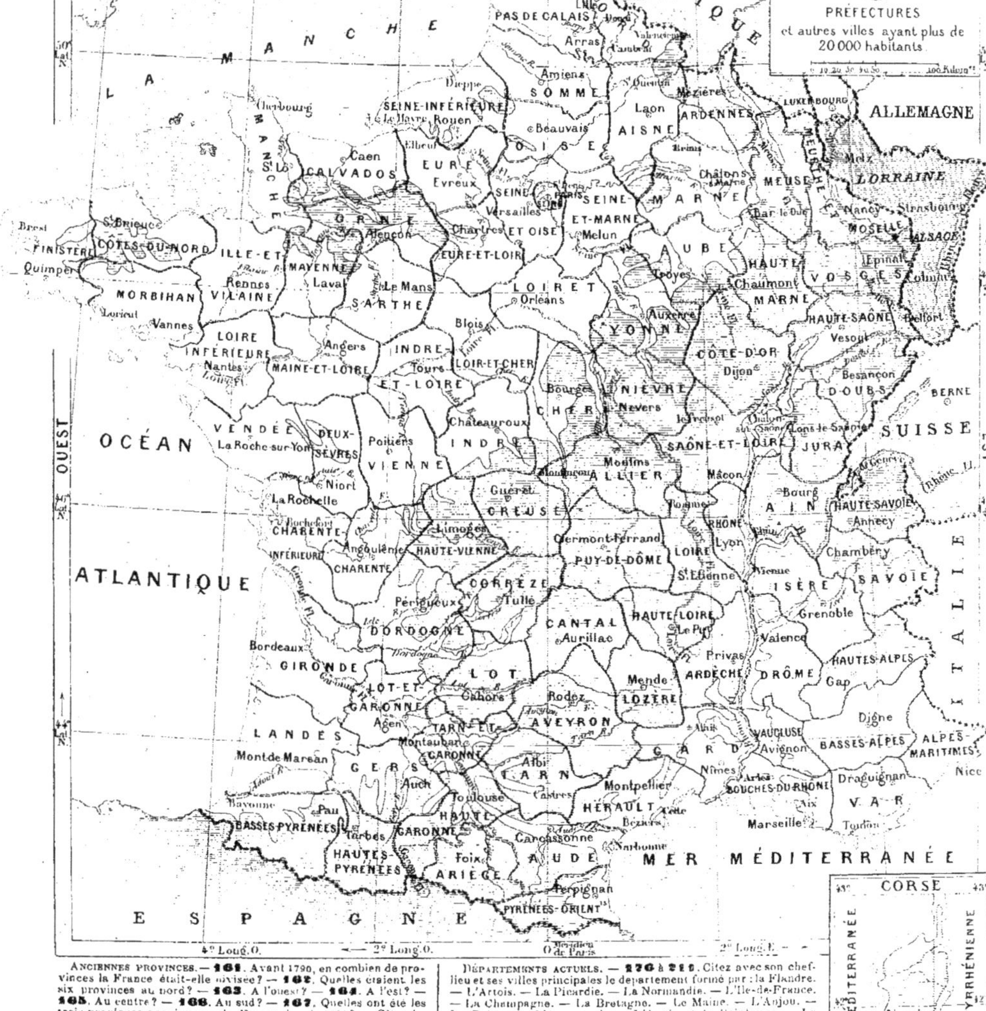

Anciennes provinces. — **161**. Avant 1790, en combien de provinces la France était-elle divisée? — **162**. Quelles étaient les six provinces au nord? — **163**. A l'ouest? — **164**. A l'est? — **165**. Au centre? — **166**. Au sud? — **167**. Quelles ont été les trois provinces acquises par la France depuis 1790? — *Citez les capitales des anciennes provinces* (*voir sur la petite carte*). — **168**. Comment les départements actuels ont-ils été formés? — **169**. Que comprend chaque département? — **170**. Qu'est-ce qu'une commune? — **171**. Un canton? — **172**. Un arrondissement? — **173**. Quelle est la population de la France? — **174**. Son étendue? — **175**. D'où les départements tirent-ils leur nom?

Départements actuels. — **176 à 211**. Citez avec son chef-lieu et ses villes principales le département formé par : la Flandre. — L'Artois. — La Picardie. — La Normandie. — L'Ile-de-France. — La Champagne. — La Bretagne. — Le Maine. — L'Anjou. — Le Poitou. — L'Angoumois. — L'Aunis et la Saintonge. — La Lorraine. — L'Alsace. — La Bourgogne. — La Franche-Comté. — Le Lyonnais. — Le Dauphiné. — L'Orléanais. — La Touraine. — Le Berry. — Le Nivernais. — Le Bourbonnais. — La Marche. — Le Limousin. — L'Auvergne. — La Guyenne et la Gascogne. — Le Languedoc. — La Provence. — Le Béarn. — Le comté de Foix. — Le Roussillon. — La Corse. — Le comtat d'Avignon et le comtat Venaissin. — La Savoie. — Le comté de Nice.

Nota. — Tout ce qui, sur cette carte de **France**, est teinté en *couleur bistre* représente la partie montagneuse.

ANCIENNES PROVINCES

161. Avant l'an 1790, la France était divisée en 33 provinces.

162. Les six provinces au nord étaient : la Flandre, l'Artois, la Picardie, la Normandie, l'Ile-de-France, la Champagne.

163. Les six provinces à l'ouest étaient : la Bretagne, le Maine, l'Anjou, le Poitou, l'Angoumois, l'Aunis et la Saintonge.

164. Les six provinces à l'est étaient : la Lorraine, l'Alsace, la Bourgogne, la Franche-Comté, le Lyonnais, le Dauphiné.

165. Les huit provinces au centre étaient : l'Orléanais, la Touraine, le Berry, le Nivernais, le Bourbonnais, la Marche, le Limousin, l'Auvergne.

166. Les sept provinces au sud étaient : la Guyenne et la Gascogne, le Languedoc, la Provence, le Béarn, le comté de Foix, le Roussillon, la Corse.

167. Trois provinces ont été acquises par la France depuis 1790, ce sont :

1° Le comtat Venaissin; 2° la Savoie; 3° le comté de Nice.

168. Les **33** provinces qui existaient avant 1790 et les **3** provinces acquises depuis ont formé les **86 départements actuels**.

169. Chaque département comprend un certain nombre de **communes**, de **cantons**, d'**arrondissements**.

170. Une *commune* est une certaine étendue de territoire dont les habitants ont des intérêts communs.

171. Un *canton* est la réunion de plusieurs communes.

172. Un *arrondissement* est la réunion de plusieurs cantons.

173. La France a **37 millions** d'habitants.

174. La France a **529 000** kilomètres carrés d'étendue.

175. Presque tous les départements tirent leur nom, soit d'un *cours d'eau*, soit d'une *montagne*.

DÉPARTEMENTS ACTUELS

176. **La Flandre** (voir la carte, page 14) a formé 1 département : le *Nord*, chef-lieu Lille et villes principales : Roubaix, Tourcoing, Dunkerque, Douai, Valenciennes, Armentières, Cambrai.

177. **L'Artois** a formé 1 dép. : le *Pas-de-Calais*, ch.-l. Arras, v. pr. : Calais, Boulogne-sur-Mer, Saint-Omer.

178. **La Picardie** a formé 1 dép. : la *Somme*, ch.-l. Amiens.

179. **La Normandie** a formé 5 dép. : la *Seine-Inférieure*, ch.-l. Rouen, villes principales : Le Havre, Dieppe, Elbeuf; — l'*Eure*, ch.-l. Evreux; — le *Calvados*, ch.-l. Caen; — la *Manche*, ch.-l. Saint-Lô, ville principale : Cherbourg; — l'*Orne*, ch.-l. Alençon.

180. **L'Ile-de-France** a formé 5 dép. : l'*Oise*, ch.-l. Beauvais; — l'*Aisne*, ch.-l. Laon, v. pr. : Saint-Quentin; — *Seine-et-Oise*, ch.-l. Versailles; — la *Seine*, ch.-l. Paris, v. pr. : Saint-Denis; — *Seine-et-Marne*, ch.-l. Melun.

181. **La Champagne** a formé 4 dép. : les *Ardennes*, ch.-l. Mézières; — la *Marne*, ch.-l. Châlons-sur-Marne, ville principale : Reims; — l'*Aube*, ch.-l. Troyes; — la *Haute-Marne*, ch.-l. Chaumont.

182. La **Bretagne** a formé 5 dép. : le *Finistère*, ch.-l. Quimper, v. pr. : Brest; — les *Côtes-du-Nord*, ch.-l. Saint-Brieuc; — l'*Ille-et-Vilaine*, ch.-l. Rennes; — le *Morbihan*, ch.-l. Vannes, v. pr. : Lorient; — la *Loire-Inférieure*, ch.-l. Nantes et ville principale : Saint-Nazaire.

183. Le **Maine** a formé 2 dép. : la *Mayenne*, ch.-l. Laval; — la *Sarthe*, ch.-l. Le Mans.

184. **L'Anjou** a formé 1 dép. : le *Maine-et-Loire*, ch.-l. Angers.

185. Le **Poitou** a formé 3 dép. : la *Vendée*, ch.-l. la Roche-sur-Yon : — les *Deux-Sèvres*, ch.-l. Niort; — la *Vienne*, ch.-l. Poitiers.

186. **L'Angoumois** a formé 1 dép. : la *Charente*, ch.-l. Angoulême.

187. **L'Aunis** et la **Saintonge** ont formé 1 dép. : la *Charente-Inférieure*, ch.-l. La Rochelle et ville principale : Rochefort.

188. La **Lorraine** a formé 4 dép.; il ne nous reste plus que 3 de ces départements depuis la dernière guerre contre l'Allemagne (1870-1871). — Ces trois dép. sont : la *Meuse*, ch.-l. Bar-le-Duc; — la *Meurthe-et-Moselle*, ch.-l. Nancy; — les *Vosges*, ch.-l. Epinal.

189. **L'Alsace** formait 2 dép., dont il ne nous reste plus qu'une petite partie depuis 1871. — La partie de l'Alsace que nous avons conservée porte le nom de *Territoire de Belfort*, ch.-l. Belfort.

190. La **Bourgogne** a formé 4 dép. : l'*Yonne*, ch.-l. Auxerre; — la *Côte-d'Or*, ch.-l. Dijon; — *Saône-et-Loire*, ch.-l. Mâcon, v. pr. : Chalon-sur-Saône, Le Creusot; — l'*Ain*, ch.-l. Bourg.

191. La **Franche-Comté** a formé 3 dép. : la *Haute-Saône*, ch.-l. Vesoul; — le *Doubs*, ch.-l. Besançon; — le *Jura*, ch.-l. Lons-le-Saunier.

192. Le **Lyonnais** a formé 2 dép. : le *Rhône*, ch.-l. Lyon; — la *Loire*, ch.-l. Saint-Etienne, ville principale : Roanne.

193. Le **Dauphiné** a formé 3 dép. : l'*Isère*, ch.-l. Grenoble, v. pr. : Vienne; — la *Drôme*, ch.-l. Valence; — les *Hautes-Alpes*, ch.-l. Gap.

194. **L'Orléanais** a formé 3 dép. : l'*Eure-et-Loir*, ch.-l. Chartres; — le *Loiret*, ch.-l. Orléans; — le *Loir-et-Cher*, ch.-l. Blois.

195. La **Touraine** a formé 1 dép. : l'*Indre-et-Loire*, ch.-l. Tours.

196. Le **Berry** a formé 2 dép. : le *Cher*, ch.-l. Bourges; — l'*Indre*, ch.-l. Châteauroux.

197. Le **Nivernais** a formé 1 dép. : la *Nièvre*, ch.-l. Nevers.

198. Le **Bourbonnais** a formé 1 dép. : l'*Allier*, ch.-l. Moulins, v. pr. : Montluçon.

199. La **Marche** a formé 1 dép. : la *Creuse*, ch.-l. Guéret.

200. Le **Limousin** a formé 2 dép. : la *Haute-Vienne*, ch.-l. Limoges; — la *Corrèze*, ch.-l. Tulle.

201. **L'Auvergne** a formé 2 dép. : le *Puy-de-Dôme*, ch.-l. Clermont-Ferrand; — le *Cantal*, ch.-l. Aurillac.

202. La **Guyenne** a formé 6 dép. : la *Dordogne*, ch.-l. Périgueux; — la *Gironde*, ch.-l. Bordeaux; — le *Lot*, ch.-l. Cahors; — l'*Aveyron*, ch.-l. Rodez; — le *Lot-et-Garonne*, ch.-l. Agen; — le *Tarn-et-Garonne*, ch.-l. Montauban. — La **Gascogne** a formé 3 dép. : les *Landes*, ch.-l. Mont-de-Marsan; — le *Gers*, ch.-l. Auch; — les *Hautes-Pyrénées*, ch.-l. Tarbes.

203. Le **Languedoc** a formé 8 dép. : la *Haute-Loire*, ch.-l. Le Puy; — l'*Ardèche*, ch.-l. Privas; — la *Lozère*, ch.-l. Mende; — le *Gard*, ch.-l. Nîmes et v. pr. : Alais; — l'*Hérault*, ch.-l. Montpellier et v. pr. : Béziers, Cette; — le *Tarn*, ch.-l. Albi et v. pr. : Castres; — la *Haute-Garonne*, ch.-l. Toulouse; — l'*Aude*, ch.-l. Carcassonne et v. pr. Narbonne.

204. La **Provence** a formé 3 dép. : les *Basses-Alpes*, ch.-l. Digne; — les *Bouches-du-Rhône*, ch.-l. Marseille et v. pr. : Arles, Aix; — le *Var*, ch.-l. Draguignan et v. pr. : Toulon.

205. Le **Béarn** a formé 1 dép. : les *Basses-Pyrénées*, ch.-l. Pau, v. pr. : Bayonne.

206. Le **comté de Foix** a formé 1 dép. : l'*Ariège*, ch.-l. Foix.

207. Le **Roussillon** a formé 1 dép. : les *Pyrénées-Orientales*, ch.-l. Perpignan.

208. La **Corse** a formé 1 dép. : la *Corse*, ch.-l. Ajaccio et v. pr. : Bastia.

209. Le **comtat Venaissin** a formé 1 dép. : le *Vaucluse*, ch.-l. Avignon.

210. La **Savoie** a formé 2 dép. : la *Haute-Savoie*, ch.-l. Annecy; — la *Savoie*, ch.-l. Chambéry.

211. Le **comté de Nice** a formé 1 dép. : les *Alpes-Maritimes*, ch.-l. Nice.

AGRICULTURE

212. Sous le rapport de l'agriculture, du commerce et de l'industrie, la France est une des **premières** nations du monde.

213. La France est située à **égale distance** de l'équateur et du pôle nord, c'est-à-dire à égale distance des régions où il fait le plus chaud et le plus froid.

(Voir la situation de la France sur la *Mappemonde*, page 3, et sur le *Planisphère*, page 18.)

214. Cette situation et différentes causes (voisinage de la mer, abondance des pluies, etc.), donnent à la France un climat **tempéré** qui est très favorable pour la culture des plantes.

215. Un tiers du sol de la France est consacré à la seule culture des *céréales* (blé, avoine, seigle, orge).

216. Un autre **tiers** est couvert :

1° par des *forêts*, dont le bois sert au chauffage et à l'industrie ;

2° par certains arbres ayant un emploi spécial, tels que le *mûrier* dont la feuille nourrit le ver à soie, l'*olivier* dont le fruit donne une huile excellente ;

3° par des *arbres fruitiers ;*

4° par des *prairies* où l'on récolte des plantes fourragères (trèfle, luzerne, sainfoin), destinées à la nourriture des bestiaux.

217. Le dernier **tiers** est occupé par la vigne, par les cultures secondaires, les terres incultes, les cours d'eau, les routes et les maisons.

218. Les **principales cultures** de la France sont celles des **céréales**, de la vigne, de la betterave.

219. Les *cultures secondaires* de la France sont celles de la pomme de terre, du lin, du chanvre, du tabac.

220. La France élève de très belles races de *chevaux*, de *bœufs* de boucherie, de *vaches* laitières. — Elle a beaucoup de moutons, de vers à soie.

221. Les départements du **nord** de la France sont les plus productifs en blé et en betteraves; les départements du **midi** sont ceux qui donnent le plus de vin.

222. C'est dans les départements situés près de la **Méditerranée** que croît l'olivier et qu'on élève les vers à soie.

INDUSTRIE

223. Le fer, la **houille** ou charbon de terre, sont les deux matières sans lesquelles l'industrie ne pourrait prospérer.

La quantité de houille et de fer que la France extrait de son sol chaque année *suffit presque* aux besoins de son industrie.

C'est dans les départements du *Pas-de-Calais*, du *Nord*, de la *Loire* que l'on extrait le plus de houille; c'est dans le département de *Meurthe-et-Moselle* que l'on extrait le plus de fer.

224. Le plus grand établissement de France, pour l'industrie du fer, est l'*usine du Creusot* (Saône-et-Loire), où l'on fabrique des rails pour chemins de fer, des locomotives, des plaques en acier pour cuirasser certains navires de notre marine militaire.

225. Les **principaux articles** fabriqués en France sont les tissus de soie, — les tissus de laine, de lin, de chanvre, — les tissus de coton.

226. Les deux villes de *Lyon* (Rhône) et de *Saint-Étienne* (Loire) sont les deux grands centres de la fabrication des tissus de soie.

Les tissus de laine, de lin, de chanvre sont fabriqués surtout dans le département du *Nord*.

Le coton est filé et tissé principalement dans les départements de la *Seine-Inférieure* et du *Nord*.

227. Les *articles secondaires* de l'industrie française sont : le sucre, les toiles, les peaux ayant subi différentes préparations, les machines, les cristaux et faïences, et enfin une quantité d'objets de fantaisie (bronzes, tabletterie (1), etc.), fabriqués dans les grandes villes et surtout à Paris.

COMMERCE

228. Le chiffre annuel du *commerce extérieur* (2) de la France est de **9 milliards** (9 000 millions).

L'Angleterre est le seul pays qui ait un commerce extérieur plus important que le nôtre.

229. La France **achète** à l'étranger surtout des matières non manufacturées comme la laine brute, le coton brut, la soie grège (3), les bois.

230. La France **vend** à l'étranger des vins et des articles manufacturés (tissus de soie, tissus de laine, articles de fantaisie).

231. C'est avec l'**Angleterre** que la France fait le plus grand commerce.

MOYENS DE TRANSPORT

232. La prospérité du commerce de la France est due non seulement à la variété et à l'excellence des produits de son industrie, mais aussi aux nombreux **moyens de transport** dont le pays dispose pour l'expédition des marchandises.

233. Ces moyens de transport sont : la marine marchande, — les routes, — les chemins de fer, — les cours d'eau navigables, — les canaux.

MARINE MARCHANDE — ROUTES

234. La **marine marchande** transporte les marchandises d'un port à un autre.

235. Les **principaux ports de commerce** de la France, sont : *Marseille*, *Bordeaux*, *Le Havre*, Nantes, Saint-Nazaire, Boulogne, Dunkerque, Calais, Dieppe, Cette, Rouen, Bayonne (voir la carte).

Marseille reçoit surtout des blés; Le Havre, des cotons; Nantes, des sucres. — Bordeaux expédie des vins.

Outre ses ports de commerce, la France a cinq grands ports militaires : Cherbourg, Brest, Lorient, Rochefort, Toulon.

236. Les **routes**, très nombreuses en France, établissent des *communications* entre les plus petites localités.

CHEMINS DE FER

237. Les **chemins de fer** transportent *rapidement* les marchandises dans tous les centres de quelque importance.

238. Les chemins de fer français sont divisés en **sept grands réseaux** qui comprennent chacun un certain nombre de lignes.

239. Les sept grands réseaux sont ceux du *Nord*, — de l'*Ouest*, — de l'*Est*, — de *Paris-Lyon-Méditerranée*, — d'*Orléans*, — du *Midi*, — de l'*État*.

240. Presque toutes les grandes lignes de chemins de fer de la France ont leur point de départ ou *tête de ligne* à Paris et aboutissent, soit à de grands **ports**, soit à la **frontière**.

241. Les grandes lignes de chemins de fer qui aboutissent aux ports du Pas de Calais et de la Manche sont celles de :

1° **Paris à Calais** (réseau du Nord), par Amiens et Boulogne;

2° **Paris au Havre** (réseau de l'Ouest), par Rouen ;

3° **Paris à Cherbourg** (réseau de l'Ouest), par Evreux et Caen.

242. Les grandes lignes de chemins de fer qui aboutissent aux ports de l'océan Atlantique sont celles de :

1° **Paris à Brest** (réseau de l'Ouest), par Versailles, Chartres, Le Mans, Laval, Rennes et Saint-Brieuc ;

2° **Paris à Nantes et Saint-Nazaire** (réseau d'Orléans), par Orléans, Blois, Tours, — avec prolongement sur *Brest*, par Vannes et Quimper.

3° **Paris à Bordeaux** (réseau d'Orléans), avec prolongement sur *Bayonne* (réseau du Midi), par Orléans, Tours, Poitiers et Angoulême;

4° **Toulouse à Bayonne** et l'*Espagne* (réseau du Midi), par Tarbes et Pau.

(1) La *tabletterie* consiste en petits ouvrages de fantaisie en os, ivoire, bois.

(2) *Commerce extérieur*, celui qui se fait avec les nations étrangères.

(3) *Soie grège*, celle que l'on tire des cocons et qui n'a subi aucune préparation.

AGRICULTURE. — **212.** Quel rang la France occupe-t-elle dans le monde pour l'agriculture, le commerce et l'industrie? — **213.** A quelle distance de l'équateur et du pôle nord la France est-elle située? — **214.** Quelle est l'influence de cette situation sur le climat de la France? — **215.** Quelle est l'étendue du sol de la France consacrée à la culture des céréales? — **216.** Par quoi un autre tiers du sol de la France est-il couvert? — **217.** Par quoi est occupé le dernier tiers? — **218.** Quelles sont les principales cultures de la France? — **219.** Quelles sont les cultures secondaires de la France? — **220.** Quels sont les principaux animaux de la France? — **221.** Quels sont les départements de la France qui sont les plus productifs en blé, en betteraves, en vin? — **222.** Quels sont les départements où l'on élève les vers à soie?

INDUSTRIE. — **223.** Quelles sont les deux matières sans lesquelles l'industrie ne pourrait prospérer? — La France a-t-elle assez de houille et de fer? — Quels sont les départements de la France où l'on extrait le plus de houille et de fer? — **224.** Quelle est la plus grande usine de France? — **225.** Quels sont les principaux articles de l'industrie française? — **226.** Où fabrique-t-on les tissus? — **227.** Quels sont les articles secondaires de l'industrie française?

COMMERCE. — **228.** Quel est le chiffre annuel du commerce extérieur de la France? — **229.** Quels sont les principaux articles que la France achète à l'étranger? — **230.** Quels sont les principaux articles que la France vend à l'étranger? — **231.** Quel est le pays avec lequel la France fait le plus grand commerce?

MOYENS DE TRANSPORT. — **232.** A quoi est due surtout la prospérité du commerce de la France? — **233.** Quels sont les moyens de transport? — **234.** Que fait la marine marchande? — **235.** Quels sont les principaux ports de commerce de la France? — Citez les cinq grands ports militaires. — **236.** Quelle est l'utilité des routes? — **237.** Quelle est l'utilité des chemins de fer? — **238.** Comment sont divisés les chemins de fer français? — **239.** Quels sont les sept grands réseaux? — **240.** Où les principaux chemins de fer ont-ils leur tête de ligne et où aboutissent-ils? — **241.** Quelles sont les lignes qui aboutissent au Pas de Calais et à la Manche? — Citez les villes par où elles passent. — **242.** Quelles sont les lignes qui aboutissent à l'océan Atlantique? — Citez les villes par où elles passent.

243. Les grandes lignes de chemins de fer qui aboutissent aux ports de la Méditerranée sont celles ci :

1° **Paris-Lyon-Marseille** (réseau de Paris-Lyon-Méditerranée), par Melun, Dijon, Mâcon, Lyon, Valence et Avignon;

2° **Paris-Nevers-Cette** (réseau de Paris-Lyon-Méditerranée), par Melun, Nevers, Moulins, Clermont-Ferrand et Nîmes;

3° **Bordeaux à Cette** (réseau du Midi), par Agen, Toulouse et Carcassonne.

244. Les grandes lignes de chemins de fer qui aboutissent à la frontière belge ou tout près sont celles de :

1° **Paris à Lille** (réseau du Nord), par Amiens et Arras;

2° **Paris à Maubeuge** (réseau du Nord), par Saint-Quentin.

245. Les grandes lignes de chemins de fer qui aboutissent à la frontière d'Alsace-Lorraine sont celles de :

1° **Paris à Avricourt** (réseau de l'Est), par Châlons-sur-Marne, Bar-le-Duc et Nancy;

2° **Paris à Belfort** (réseau de l'Est), par Troyes, Chaumont et Vesoul.

246. Des embranchements partent de la ligne Paris-Lyon-Marseille et se dirigent sur la Suisse et l'Italie.

Un de ces embranchements, celui de Lyon à Turin, en Italie, traverse les Alpes sous le tunnel du mont Cenis, long de 12 kilomètres.

247. Outre les lignes se dirigeant sur les ports et la frontière, il y a encore d'autres chemins de fer à l'intérieur du territoire français. Tels sont :

1° Les lignes de **Paris à Agen** et à **Toulouse** (réseau d'Orléans), par Orléans, Châteauroux, Limoges;

2° La ligne de **Nantes à Bordeaux** (appartenant à l'État), par La Roche-sur-Yon et La Rochelle;

3° Les **embranchements** qui relient les lignes de Paris-Lyon-Marseille et Paris-Lyon-Cette.

COURS D'EAU NAVIGABLES ET CANAUX

248. Les fleuves et les principales rivières de la France sont **navigables** sur une grande partie de leur parcours (voir la carte).

249. On appelle **canal** une rivière artificielle, c'est-à-dire qui a été creusée par l'homme.

Les canaux servent, soit à *unir* deux cours d'eau, soit à *améliorer* la navigation d'un cours d'eau.

Les canaux sont très utiles au commerce, parce qu'ils transportent les marchandises à bas prix.

250. Les principaux canaux sont : les canaux de Saint-Quentin, — des Ardennes, — de la Marne au Rhin, — de l'Est, — du Rhône au Rhin, — du Loing, — du Nivernais, — de Bourgogne, — du Centre, — du Midi, — de Nantes à Brest.

Le canal de **Saint-Quentin** unit l'Oise à l'Escaut;

Le canal des **Ardennes** unit l'Aisne à la Meuse;

Le canal de la **Marne au Rhin** unit la Marne au Rhin;

Le canal de l'**Est** unit la Meuse à la Saône;

Le canal du **Rhône au Rhin** unit le Doubs, sous-affluent du Rhône, au Rhin;

Le canal du **Loing**, continué par deux autres canaux, unit la Seine à la Loire;

Le canal du **Nivernais** unit l'Yonne à la Loire;

Le canal de **Bourgogne** unit l'Yonne à la Saône;

Le canal du **Centre** unit la Loire à la Saône;

Le canal du **Midi** unit la Garonne à la mer Méditerranée;

Le canal de **Nantes à Brest** traverse la presqu'île de Bretagne.

---

243. Quelles sont les grandes lignes qui aboutissent à la mer Méditerranée? — Citez les villes par où elles passent. — **244.** Quelles sont les grandes lignes qui aboutissent à la frontière belge? — Citez les villes par où elles passent. — **245.** Quelles sont les grandes lignes qui aboutissent à la frontière d'Alsace-Lorraine? — Citez les villes par où elles passent. — **246.** Quels sont les embranchements qui se dirigent sur la Suisse et l'Italie? — Quelle est la longueur du tunnel du mont Cenis? — **247.** N'y a-t-il pas d'autres chemins de fer à l'intérieur du territoire? — **248.** Les cours d'eau de la France sont-ils navigables? — **249.** Qu'est-ce qu'un canal? — A quoi servent les canaux? — Quelle est leur utilité pour le commerce? — **250.** Quels sont les principaux canaux?

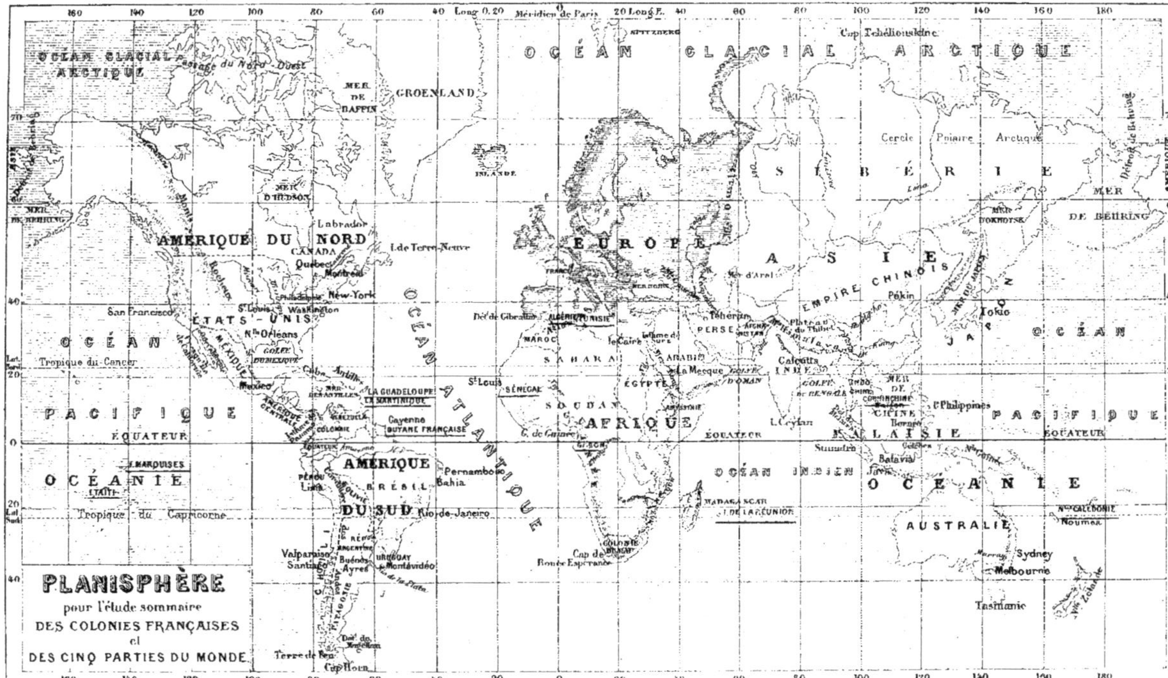

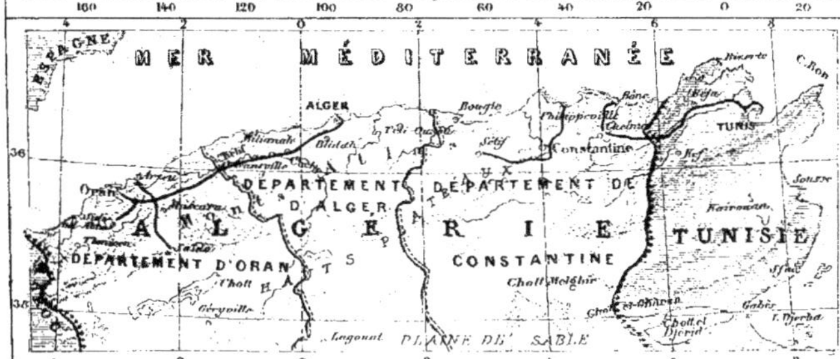

LONGUEUR DE QUELQUES FLEUVES
Nil : 6500 kil.
Amazone : 6200 kil.
Iénissei : 5500 kil.
Yang-tsé-Kiang : 5200 kil.
Mississipi : 5000 kil.
Livingstone : 4600 kil.
Volga : 3600 kil.
Danube : 2800 kil.
Rhin : 1400 kil.
Loire : 1000 kil.

Figure 11

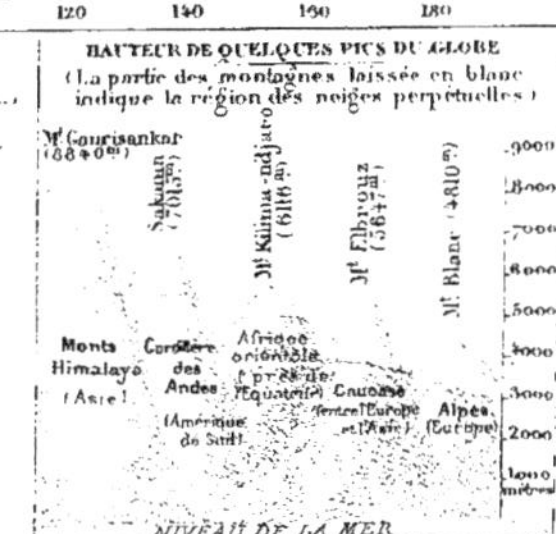

Figure 12

COLONIES FRANÇAISES

1° ALGÉRIE ET TUNISIE

Voir le *Planisphère*, page 18, et l'*Algérie*, qui se trouve au bas du Planisphère.

251. La France doit aussi sa prospérité commerciale à la possession de **colonies** qui sont des débouchés naturels pour les produits de son industrie.

252. L'**Algérie**, située au nord de l'Afrique, à 30 heures, par bateau, des côtes de France, est la plus importante des colonies françaises.

L'Algérie (3 millions d'habitants) est plus grande que la France.

253. L'Algérie a des plaines sablonneuses, de hauts plateaux et des montagnes assez élevées, comme les monts **Atlas**.

254. Le principal cours d'eau de l'Algérie est le **Chélif**.

On donne le nom de *chotts* à des lacs dont l'eau est salée et qui sont à sec en été.

255. L'Algérie est divisée en **trois départements** qui sont, en allant de l'ouest à l'est :

Le département d'**Oran**, chef-lieu *Oran ;* ville principale : Tlemcen.

Le département d'**Alger**, chef-lieu *Alger ;* ville principale : Blidah.

Le département de **Constantine**, chef-lieu *Constantine ;* ville principale : Bône.

256. La France exerce son protectorat sur la **Tunisie**, pays qui touche au département de Constantine. — La Tunisie, cap. *Tunis*, a 2 millions d'hab.

2° AUTRES COLONIES

(Les colonies françaises sont soulignées en rouge sur le Planisphère).

257. Outre l'Algérie et la Tunisie, la France a encore d'autres colonies en *Afrique*, en *Asie*, en *Océanie*, en *Amérique*. Voici les principales :

258. En **Afrique**, la France possède le *Sénégal*, ch.-l. St-Louis, — l'île de la *Réunion*, à l'est de la grande île de Madagascar.

259. En **Asie**, la France possède la *Cochinchine*, ch.-l. Saïgon, — le *Tonkin*.

260. En **Océanie**, la France possède la *Nouvelle-Calédonie*, chef-lieu Nouméa, — les îles *Marquises*, — l'île de *Taïti*.

261. En **Amérique**, la France possède les îles de la *Guadeloupe* et de la *Martinique*, dans l'archipel des Antilles, — la *Guyane française*, chef-lieu Cayenne, dans l'Amérique du Sud.

LES CINQ PARTIES DU MONDE

EUROPE

[L'élève récitera de nouveau les n°s 95 à 105, p. 6 de ce livre, qui traitent de la géographie de l'Europe].

AFRIQUE

262. **Contours**. En partant du détroit de Gibraltar, on rencontre l'océan Atlantique, — le golfe de Guinée, — le cap de Bonne-Espérance, — l'île de Madagascar, — la mer Rouge, — l'isthme de Suez.

263. **Relief du sol**. Au nord de l'équateur se trouvent : la chaîne de l'Atlas, — les plaines du Sahara et du Soudan ; — au sud de l'équateur est un grand plateau compris entre des chaînes de montagnes voisines de la mer.

264. **Fleuves et lacs**. Les principaux fleuves d'Afrique sont : le Nil, — le Niger, — le Congo ou Livingstone (1), — le Zambèze. — Il y a de grands lacs au sud de l'équateur.

265. **Contrées**. En suivant la côte depuis le détroit de Gibraltar, on rencontre : le *Maroc*, — le *Sénégal*, colonie française, — la *Guinée* où les Européens et surtout les Portugais ont des établissements, — la colonie anglaise du *Cap*, — la colonie portugaise de *Mozambique*, — l'*Abyssinie*, — l'*Égypte*, cap. le Caire, — la *Tunisie*, pays sous le protectorat de la France, — l'*Algérie*, colonie française.

ASIE

266. **Contours**. En partant de l'isthme de Suez, on rencontre : la mer Rouge, — la péninsule d'Arabie, — l'océan Indien, — le golfe d'Oman, — l'île anglaise de Ceylan, — la péninsule de l'Inde, — le golfe du Bengale, — la presqu'île de l'Indo-Chine, — le détroit de Malacca, — la mer de Chine, — l'océan Pacifique, — la mer et les îles du Japon, — la mer d'Okhotsk, — la mer et le détroit de Behring, — l'océan glacial Arctique, — le cap Tchelionskine.

(1) Du nom d'un célèbre explorateur anglais.

267. **Relief du sol**. Au centre de l'Asie se trouvent le plateau du Thibet et les monts Himalaya, les plus hautes montagnes du globe ; — à l'ouest, les monts Caucase et les monts Ourals, entre l'Asie et l'Europe.

268. **Fleuves et lacs**. Les principaux fleuves d'Asie sont : l'Obi, — l'Iénisseï, — la Léna, — le Yang-tsé-Kiang ou fleuve Bleu, — le Hoang-Ho ou fleuve Jaune, — le Gange, — le Sind.

A l'est de l'Asie se trouve un grand lac : la mer ou lac d'Aral.

269. **Contrées**. En partant de l'isthme de Suez, on rencontre : l'*Arabie*, v. pr. La Mecque, — la *Perse*, cap. Téhéran, — l'*Inde anglaise*, v. pr. Calcutta, — les États de l'*Indo-Chine*, parmi lesquels se trouve la colonie française de *Cochinchine*, cap. Saïgon, — l'empire *chinois*, cap. Pékin, — l'empire *du Japon*, cap. Tokio, — la *Sibérie*, grand territoire à la Russie.

Au centre de l'Asie se trouve l'*Afghanistan*.

OCÉANIE

270. Presque toutes les îles de l'Océanie appartiennent à des **États européens**.

271. Les **Hollandais** possèdent : Bornéo, — Sumatra, — Java, cap. Batavia, — Célèbes.

272. Les **Anglais** possèdent : l'Australie, v. pr., Melbourne et Sydney, — la Tasmanie, — la Nouvelle-Zélande.

273. Les **Espagnols** possèdent : les îles Philippines et d'autres petits archipels.

274. Les **Français** possèdent : la Nouvelle-Calédonie, capitale Nouméa, — les îles Marquises, — l'île de Taïti.

275. **L'Australie** a une chaîne de montagnes à l'est. Son fleuve le plus important est le Murray.

276. La partie de l'Océanie située au sud de l'Asie porte le nom de **Malaisie**.

AMÉRIQUE

277. Le **continent américain** est formé de deux parties : l'Amérique du Nord et l'Amérique du Sud, réunies par l'isthme de Panama.

278. **Contours**. En suivant les côtes du continent américain, à partir du détroit de Behring, on rencontre : la mer de Behring, — l'océan Pacifique, — la presqu'île et le golfe de Californie, — l'isthme de Panama, — l'archipel de la Terre de Feu, — le cap Horn, — le détroit de Magellan, — l'océan Atlantique, — la mer et l'archipel des Antilles, dont la principale île est Cuba, aux Espagnols.

On trouve ensuite le golfe du Mexique, l'île anglaise de Terre-Neuve, — la mer d'Hudson, — la mer de Baffin, — la terre danoise du Groenland, — une suite de détroits connus sous le nom de Passage du Nord-Ouest, — l'océan glacial Arctique.

279. **Relief du sol**. Une longue chaîne de montagnes parcourt le continent américain du nord au sud. Cette chaîne de montagnes prend le nom de Monts Rocheux dans l'Amérique du Nord, de Cordillère des Andes dans l'Amérique du Sud.

280. **Fleuves et lacs**. Les principaux fleuves du continent américain sont : dans l'Amérique du Nord : le Mackensie, — le Mississipi, grossi du Missouri —, le Saint-Laurent, qui sert de déversoir à plusieurs grands lacs. — L'Amazone est le principal fleuve de l'Amérique du Sud.

281. **Contrées**. Les principales contrées du continent américain sont :

Au nord : la colonie anglaise du *Canada*, v. pr. Québec et Montréal, — les *États-Unis*, cap. Washington et v. pr. New-York, Philadelphie, Saint-Louis, San-Francisco, La Nouvelle-Orléans, — le *Mexique*, cap. Mexico.

Au centre : de petits États indépendants.

Au sud : le *Vénézuéla*, — les *États-Unis de Colombie*, — la république de l'*Équateur*, — le *Pérou*, cap. Lima, — la *Bolivie*, — le *Chili*, cap. Santiago et v. pr. Valparaiso, — la *Patagonie*, — la république *Argentine*, cap. Buénos-Ayres, — l'empire du *Brésil*, cap. Rio-Janeiro et v. pr. Bahia et Pernambouc, — l'*Uruguay*, cap. Montevideo, — le *Paraguay*, cap. Assomption, — les trois *Guyanes*, dont une, cap. Cayenne, appartient à la France.

Colonies françaises. — **251**. Citez une des causes de la prospérité commerciale de la France. — **252**. Quelle est la plus importante des colonies françaises ? — **253**. Parlez du relief du sol de l'Algérie. — **254**. Quel est le principal cours d'eau de l'Algérie ? — Qu'appelle-t-on chott ? — **255**. En combien de départements l'Algérie est-elle divisée ? Nommez les trois départements de l'Algérie avec leur chef-lieu. — **256**. Sur quel pays voisin de l'Algérie la France exerce-t-elle son protectorat ? — Quelle est la capitale et la population de la Tunisie ? — **257**. Dans quelle partie du monde la France a-t-elle encore des colonies ? — **258**. Quelles sont les possessions françaises en Afrique ? — **259**. En Asie ? — **260**. En Océanie ? — **261**. En Amérique ?

Europe. *Faire les questions* **95** *à* **105**, page 6.

Afrique. — **262**. Parlez des contours de l'Afrique. — **263**. Parlez du relief du sol de l'Afrique. — **264**. Quels sont les principaux fleuves d'Afrique ? — **265**. Citez les principales contrées d'Afrique.

Asie. — **266**. Parlez des contours de l'Asie. — **267**. Parlez du relief du sol de l'Asie. — **268**. Quels sont les principaux fleuves d'Asie ? — **269**. Citez les principales contrées de l'Asie.

Océanie. — **270**. A qui appartiennent presque toutes les îles de l'Océanie ? — **271**. Quelles sont les îles qui appartiennent aux Hollandais ? — **272**. Aux Anglais ? — **273**. Aux Espagnols ? — **274**. Aux Français ? — **275**. Citez le principal fleuve d'Australie. — **276**. Comment appelle-t-on la partie de l'Océanie située au sud de l'Asie ?

Amérique. — **277**. De combien de parties est formé le continent américain ? — Quel est l'isthme qui réunit ces deux parties ? — **278**. Parlez des contours du continent américain. — **279**. Parlez du relief du continent américain. — **280**. Quels sont les principaux fleuves du continent américain ? — **281**. Quelles sont les principales contrées du continent américain ?

FRANCE. — PRÉFECTURES ET SOUS-PRÉFECTURES

NOTA. Les sous-préfectures sont énumérées d'après leur orientation, en allant du nord au sud ; cet ordre permet à l'élève d'indiquer facilement la position des villes sur le tableau noir.

1° **Nord** (1), chef-lieu : **Lille**; — 6 sous-préf. : *Dunkerque, Hazebrouck, Douai, Valenciennes, Cambrai, Avesnes.* — AUTRES VILLES IMPORTANTES : Tourcoing, Roubaix, Armentières.

2° **Pas-de-Calais**, ch.-l. **Arras**; — 5 sous-préf. : *Saint-Omer, Boulogne, Béthune, Montreuil, Saint-Pol.* — AUTRE VILLE IMPORTANTE : Calais.

3° **Somme**, ch.-l. **Amiens**; — 4 sous-préf. : *Doullens, Abbeville, Péronne, Montdidier.*

4° **Seine-Inférieure**, ch.-l. **Rouen**; — 4 sous-préf. : *Dieppe, Neufchâtel, Yvetot, Le Havre.* — AUTRE VILLE IMPORTANTE : Elbeuf.

5° **Eure**, ch.-l. **Évreux**; — 4 sous-préf. : *Pont-Audemer, Les Andelys, Louviers, Bernay.*

6° **Calvados**, ch.-l. **Caen**; — 5 sous-préf. : *Pont-l'Évêque, Bayeux, Lisieux, Falaise, Vire.*

7° **Manche**, ch.-l. **Saint-Lô**; — 5 sous-préf. : *Cherbourg, Valognes, Coutances, Avranches, Mortain.*

8° **Orne**, ch.-l. **Alençon**; — 3 sous-préf. : *Argentan, Domfront, Mortagne.*

9° **Oise**, ch.-l. **Beauvais**; — 3 sous-préf. : *Compiègne, Clermont, Senlis.*

10° **Aisne**, ch.-l. **Laon**; — 4 sous-préf. : *Saint-Quentin, Vervins, Soissons, Château-Thierry.*

11° **Seine-et-Oise**, ch.-l. **Versailles**; — 5 sous-préf. : *Pontoise, Mantes, Rambouillet, Corbeil, Étampes.*

12° **Seine**, ch.-l. **Paris**; — *Saint-Denis* et *Sceaux*, chefs-lieux d'arrondissement (2). — AUTRES VILLES IMPORTANTES : Boulogne-sur-Seine, Neuilly, Clichy, Vincennes.

13° **Seine-et-Marne**, ch.-l. **Melun**; — 4 sous-préf. : *Meaux, Coulommiers, Provins, Fontainebleau.*

14° **Ardennes**, ch.-l. **Mézières**; — 4 sous-préf. : *Rocroi, Sedan, Rethel, Vouziers.*

15° **Marne**, ch.-l. **Châlons-sur-Marne**; — 4 sous-préf. : *Reims, Sainte-Menehould, Épernay, Vitry-le-François.*

16° **Aube**, ch.-l. **Troyes**; — 4 sous-préf. : *Arcis-sur-Aube, Nogent-sur-Seine, Bar-sur-Aube, Bar-sur-Seine.*

17° **Haute-Marne**, ch.-l. **Chaumont**; — 2 sous-préf. : *Vassy, Langres.*

18° **Finistère**, ch.-l. **Quimper**; — 4 sous-préf. : *Morlaix, Brest, Châteaulin, Quimperlé.*

19° **Côtes-du-Nord**, ch.-l. **Saint-Brieuc**; — 4 sous-préf. : *Lannion, Guingamp, Dinan, Loudéac.*

20° **Ille-et-Vilaine**, ch.-l. **Rennes**; — 5 sous-préf. : *Saint-Malo, Fougères, Montfort, Vitré, Redon.*

21° **Morbihan**, ch.-l. **Vannes**; — 3 sous-préf. : *Pontivy, Ploërmel, Lorient.*

22° **Loire-Inférieure**, ch.-l. **Nantes**; — 4 sous-préf. : *Châteaubriant, Ancenis, Paimbœuf, Saint-Nazaire.*

23° **Mayenne**, ch.-l. **Laval**; — 2 sous-préf. : *Mayenne, Château-Gontier.*

24° **Sarthe**, ch.-l. **Le Mans**; — 3 sous-préf. : *Mamers, Saint-Calais, La Flèche.*

25° **Maine-et-Loire**, ch.-l. **Angers**; — 4 sous-préf. : *Segré, Baugé, Saumur, Cholet.*

26° **Vendée**, ch.-l. **La Roche-sur-Yon**; — 2 s.-pr. : *Les Sables-d'Olonne, Fontenay-le-Comte.*

27° **Deux-Sèvres**, ch.-l. **Niort**; — 3 sous-préf. : *Bressuire, Parthenay, Melle.*

28° **Vienne**, ch.-l. **Poitiers**; — 4 sous-préf. : *Loudun, Chatellerault, Montmorillon, Civray.*

29° **Charente**, ch.-l. **Angoulême**; — 4 sous-préf. : *Ruffec, Confolens, Cognac, Barbezieux.*

30° **Charente-Inférieure**, ch.-l. **La Rochelle**; — 5 sous-préf. : *Saint-Jean-d'Angely, Rochefort, Marennes, Saintes, Jonzac.*

31° **Meuse**, ch.-l. **Bar-le-Duc**; — 3 sous-préf. : *Montmédy, Verdun, Commercy.*

32° **Meurthe-et-Moselle**, ch.-l. **Nancy**; — 3 sous-préf. : *Briey, Toul, Lunéville.*

33° **Vosges**, ch.-l. **Épinal**; — 4 sous-préf. : *Neufchâteau, Mirecourt, Saint-Dié, Remiremont.*

34° **Yonne**, ch.-l. **Auxerre**; — 4 sous-préf. : *Sens, Joigny, Tonnerre, Avallon.*

35° **Côte-d'Or**, ch.-l. **Dijon**; — 3 sous-préf. : *Châtillon-sur-Seine, Semur, Beaune.*

36° **Saône-et-Loire**, ch.-l. **Mâcon**; — 4 sous-préf. : *Autun, Chalon-sur-Saône, Louhans, Charolles.* — AUTRE VILLE IMPORTANTE : Le Creusot.

37° **Ain**, ch.-l. **Bourg**; — 4 sous-préf. : *Gex, Nantua, Trévoux, Belley.*

38° **Haute-Saône**, ch.-l. **Vesoul**; — 2 sous-préf. : *Lure, Gray.*

39° **Doubs**, ch.-l. **Besançon**; — 3 sous-préf. : *Montbéliard, Baume-les-Dames, Pontarlier.*

40° **Jura**, ch.-l. **Lons-le-Saunier**; — 3 sous-préf. : *Dôle, Poligny, Saint-Claude.*

41° **Rhône**, ch.-l. **Lyon**; — 1 sous-préf. : *Villefranche.*

42° **Loire**, ch.-l. **Saint-Étienne**; — 2 sous-préf. : *Roanne, Montbrison.*

43° **Isère**, ch.-l. **Grenoble**; — 3 sous-préf. : *La Tour-du-Pin, Vienne, Saint-Marcellin.*

44° **Drôme**, ch.-l. **Valence**; — 3 sous-préf. : *Die, Montélimar, Nyons.*

45° **Hautes-Alpes**, ch.-l. **Gap**; — 2 sous-préf. : *Briançon, Embrun.*

46° **Eure-et-Loir**, ch.-l. **Chartres**; — 3 s.-pr. : *Dreux, Nogent-le-Rotrou, Châteaudun.*

47° **Loiret**, ch.-l. **Orléans**; — 3 sous-préf. : *Pithiviers, Montargis, Gien.*

48° **Loir-et-Cher**, ch.-l. **Blois**; — 2 sous-préf. : *Vendôme, Romorantin.*

49° **Indre-et-Loire**, ch.-l. **Tours**; — 2 sous-préf. : *Chinon, Loches.*

50° **Cher**, ch.-l. **Bourges**; — 2 sous-préf. : *Sancerre, Saint-Amand-Mont-Rond.*

51° **Indre**, ch.-l. **Châteauroux**; — 3 sous-préf. : *Issoudun, Le Blanc, La Châtre.*

52° **Nièvre**, ch.-l. **Nevers**; — 3 sous-préf. : *Clamecy, Cosne, Château-Chinon.*

53° **Allier**, ch.-l. **Moulins**; — 3 sous-préf. : *Montluçon, La Palisse, Gannat.*

54° **Creuse**, ch.-l. **Guéret**; — 3 sous-préf. : *Boussac, Aubusson, Bourganeuf.*

55° **Haute-Vienne**, ch.-l. **Limoges**; — 3 sous-préf. : *Bellac, Rochechouart, Saint-Yrieix.*

56° **Corrèze**, ch.-l. **Tulle**; — 2 sous-préf. : *Ussel, Brive.*

57° **Puy-de-Dôme**, ch.-l. **Clermont-Ferrand**; — 4 sous-préf. : *Riom, Thiers, Ambert, Issoire.*

58° **Cantal**, ch.-l. **Aurillac**; — 3 sous-préf. : *Mauriac, Murat, Saint-Flour.*

59° **Dordogne**, ch.-l. **Périgueux**; — 4 sous-préf. : *Nontron, Ribérac, Sarlat, Bergerac.*

60° **Gironde**, ch.-l. **Bordeaux**; — 5 sous-préf. : *Lesparre, Blaye, Libourne, La Réole, Bazas.*

61° **Lot**, ch.-l. **Cahors**; — 2 sous-préf. : *Gourdon, Figeac.*

62° **Aveyron**, ch.-l. **Rodez**; — 4 sous-préf. : *Espalion, Villefranche-de-Rouergue, Millau, Saint-Affrique.*

63° **Lot-et-Garonne**, ch.-l. **Agen**; — 3 sous-préf. : *Marmande, Villeneuve-sur-Lot, Nérac.*

64° **Tarn-et-Garonne**, ch.-l. **Montauban**; — 2 sous-préf. : *Moissac, Castelsarrasin.*

65° **Landes**, ch.-l. **Mont-de-Marsan**; — 2 sous-préf. : *Saint-Sever, Dax.*

66° **Gers**, ch.-l. **Auch**; — 4 sous-préf. : *Condom, Lectoure, Mirande, Lombez.*

67° **Hautes-Pyrénées**, ch.-l. **Tarbes**; — 2 sous-préf. : *Bagnères-de-Bigorre, Argelès.*

68° **Haute-Loire**, ch.-l. **Le Puy**; — 2 sous-préf. : *Brioude, Yssingeaux.*

69° **Ardèche**, ch.-l. **Privas**; — 2 sous-préf. : *Tournon, Largentière.*

70° **Lozère**, ch.-l. **Mende**; — 2 sous-préf. : *Marvejols, Florac.*

71° **Gard**, ch.-l. **Nimes**; — 3 sous-préf. : *Alais, Uzès, Le Vigan.*

72° **Hérault**, ch.-l. **Montpellier**; — 3 sous-préf. : *Lodève, Saint-Pons, Béziers.* — AUTRE VILLE IMPORTANTE : Cette.

73° **Tarn**, ch.-l. **Albi**; — 3 sous-préf. : *Gaillac, Lavaur, Castres.*

74° **Haute-Garonne**, ch.-l. **Toulouse**; — 3 sous-préf. : *Muret, Villefranche-de-Lauraguais, Saint-Gaudens.*

75° **Aude**, ch.-l. **Carcassonne**; — 3 sous-préf. : *Castelnaudary, Narbonne, Limoux.*

76° **Basses-Alpes**, ch.-l. **Digne**; — 4 sous-préf. : *Barcelonnette, Sisteron, Forcalquier, Castellane.*

77° **Bouches-du-Rhône**, ch.-l. **Marseille**; — 2 sous-préf. : *Arles, Aix.*

78° **Var**, ch.-l. **Draguignan**; — 2 sous-préf. : *Brignoles, Toulon.*

79° **Basses-Pyrénées**, ch.-l. **Pau**; — 4 sous-préf. : *Bayonne, Orthez, Mauléon, Oloron.*

80° **Ariège**, ch.-l. **Foix**; — 2 sous-préf. : *Pamiers, Saint-Girons.*

81° **Pyrénées-Orientales**, ch.-l. **Perpignan**; — 2 sous-préf. : *Prades, Céret.*

82° **Corse**, ch.-l. **Ajaccio**; — 4 sous-préf. : *Bastia, Calvi, Corté, Sartène.*

83° **Vaucluse**, ch.-l. **Avignon**; — 3 sous-préf. : *Orange, Carpentras, Apt.*

84° **Haute-Savoie**, ch.-l. **Annecy**; — 3 sous-préf. : *Thonon, Saint-Julien, Bonneville.*

85° **Savoie**, ch.-l. **Chambéry**; — 3 sous-préf. : *Albertville, Moutiers, Saint-Jean-de-Maurienne.*

86° **Alpes-Maritimes**, ch.-l. **Nice**; — 2 sous-préf. : *Puget-Théniers, Grasse.* — AUTRE VILLE IMPORTANTE : Cannes.

Belfort (Territoire de), ch.-l. **Belfort**.

---

(1) Les départements sont énumérés dans l'ordre des anciennes provinces, suivi page 15.

(2) (Voir la petite carte du département de la Seine.) Saint-Denis et Sceaux n'ont pas de sous-préfet. Ces chefs-lieux d'arrondissement sont administrés directement par le préfet de la Seine.

NOTA. Bien que l'étude des sous-préfectures ne soit point inscrite au programme du Cours élémentaire, nous avons cru devoir l'introduire ici pour donner satisfaction au désir d'un grand nombre de Directeurs d'établissements scolaires.

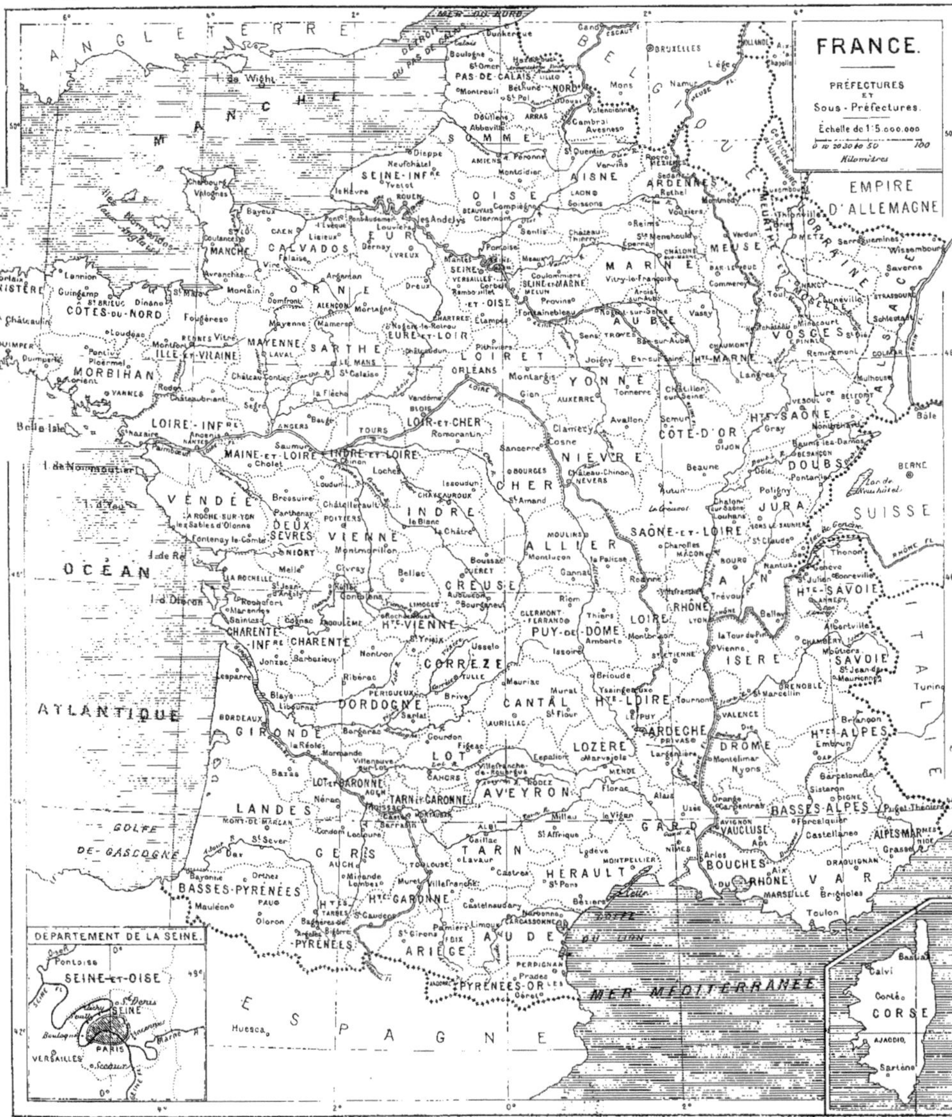

Gravé par Mme Perrin, 14 R. Fossés St Bd Paris

GÉNÉRALITÉS SUR LA TERRE

1. — Quelques-uns des plus hauts pics du globe (Voir la figure 23 au bas du Planisphère, page 18) :

	mètres.
Mont *Gaurisankar* ou *Everest* (dans les M^ts Himalaya, en Asie)......	8 840
Sahama (dans la Cordillère des Andes, Amérique du Sud).........	7 015
Kilima-ndjaro (dans la chaîne qui longe la côte orientale d'Afrique)..	6 116
Mt Elbrouz, dans le Caucase (frontière d'Europe et d'Asie)..........	5 647
Mt Blanc (dans les Alpes, Europe).	4 810

2. — Quelques-uns des plus grands fleuves du globe (Voir la figure 24 au bas du Planisphère, page 18).

	kilom.
Nil (Afrique)..................	6 500
Amazone (Amérique du Sud).....	6 200
Iénissei (Asie septentrionale).....	5 500
Yang-tsé-Kiang (Chine)..........	5 200
Mississipi (Amérique du Nord)....	5 000
Congo (ou Livingstone) (Afrique).	4 600
Volga (Russie d'Europe)........	3 600
Danube (Europe)...............	2 800
Rhin (Europe)...............	1 400

La *Loire*, le plus long fleuve de *France*, n'a que 1 000 kilomètres.

3. — Étendue des océans. Les océans, classés d'après leur étendue, sont :

1° l'océan *Pacifique* ou *Grand Océan;*
2° l'océan *Atlantique;*
3° l'océan *Indien;*
4° l'océan glacial *Antarctique;*
5° l'océan glacial *Arctique.*

4. — Étendue de chaque partie du monde. L'étendue de chaque partie du monde, par rapport à l'Europe, est la suivante :

1° l'*Asie* est 4 fois aussi grande que l'Europe ;

2° le *continent américain* est 4 fois aussi grand que l'Europe ;

3° l'*Afrique* est 3 fois aussi grande que l'Europe ;

4° l'*Océanie* est presque aussi grande que l'Europe.

Fig. 25. — Race blanche.
(Portrait de Kléber, célèbre général français de la première République.)

Fig. 26. — Race jaune.

Fig. 27. — Race noire.

5. — Population du globe.

La *terre* a 1 500 millions d'habitants;
L'*Europe*.. 300 millions —
La *France*. 37 millions —
Paris..... 2 millions —

RACES HUMAINES

6. — La couleur de la peau, des yeux, des cheveux, la forme de la tête, les dispositions pour l'étude ne sont pas les mêmes chez tous les habitants du globe. C'est pourquoi l'on a divisé les hommes en plusieurs classes ou **races**.

7. — Il y a **trois races principales :** la race blanche, la race jaune, la race noire.

8. — Les trois races principales en se mélangeant entre elles ont donné naissance à des variétés ou *types secondaires.*

9. — La **race blanche** (voir *fig.* 25) peuple toute l'Europe. Il y a aussi beaucoup d'hommes blancs dans les autres parties du monde.

10.— Les hommes qui appartiennent à la race blanche ont le teint *blanc rosé*, les yeux *droits*, les cheveux *souples*, le front *large*, les lèvres *minces*.

Ils sont *plus laborieux et plus instruits* que les hommes des autres races.

11.— La **race jaune** (voir *fig.* 26) peuple surtout l'Asie.

12.— Les hommes qui appartiennent à la race jaune ont le teint plus ou moins *jaune*, — les yeux *noirs* et *petits*, — les cheveux *raides*, — la tête *grosse* et *large*.

13.— La **race noire** (voir *fig.* 27) est représentée surtout par les **nègres** de l'Afrique.

14.— Les hommes de la race noire ont la peau *luisante* et plus ou moins *noire*, — les cheveux *crépus* comme de la laine, — le front *étroit* et *fuyant*.

15.— Les hommes de race noire sont *moins travailleurs* et *moins instruits* que les hommes de race blanche et de race jaune.

Les nègres ont eu à souffrir longtemps de cette infériorité. Ils étaient arrachés violemment à leur pays, à leur famille, puis vendus comme esclaves dans les colonies. Ce commerce infâme, appelé la *traite des nègres*, a été aboli par tous les États d'Europe et d'Amérique.

Généralités sur la terre. — **1**. Citez quelques-uns des plus hauts pics du globe. — **2**. Citez quelques-uns des plus longs fleuves du globe. — **3**. Citez les océans dans l'ordre de leur étendue. — **4**. Quelle est l'étendue, par rapport à l'Europe, des autres parties du monde? — **5**. Quelle est la population du globe, de l'Europe, de la France, de Paris?

Races humaines. — **6**. Comment a-t-on divisé les hommes d'après la couleur de leur peau, de leurs yeux, etc.? — **7**. Combien y a-t-il de races principales? — **8**. Qu'est-ce qu'ont produit les mélanges des trois races principales? — **9** et **10**. Parlez de la race blanche. — **11** et **12**. Parlez de la race jaune. — **13**, **14** et **15**. Parlez de la race noire.

FIN

Paris. — Imp. Vve P. Larousse et Cie, rue Montparnasse, 19.

Librairie classique Vve P. LAROUSSE & Cie, rue Saint-André-des-Arts, 49, PARIS

Envoi franco *au reçu d'un bon de poste ou de timbres.*

BONS POINTS GÉOGRAPHIQUES COLORIÉS

Par CH. LASSAILLY, géographe.

1re série : Les principaux *États du globe*, avec *Drapeaux* et *Étendards*, en chromolithographie.

La feuille de 50 bons points (les 50 États). 35 cent.
2 feuilles, ou 100 bons points .... 60 —

Les élèves examineront assurément avec curiosité ces drapeaux, qui parlent aux yeux par leurs couleurs éclatantes. L'auteur profite de ce mouvement de curiosité pour leur inculquer des notions générales sur la géographie des principaux États du monde.

PREMIÈRES NOTIONS DE GÉOGRAPHIE GÉNÉRALE

Suivies de la Géographie de la France et de ses colonies, avec figures et cartes intercalées dans le texte; par J.-L.-C. RENAUDIN, officier de l'Instruction publique. — Prix : 30 cent.

PETITE GÉOGRAPHIE EN ACTION

Par LE MÊME. Vol. in-18 cartonné. Prix : 75 cent.

L'auteur prend la *Commune* pour point de départ et il arrive naturellement au *Canton*, à l'*Arrondissement* et au *Département*. Ce premier chapitre, qui n'est autre chose que de la *géographie en action*, est suivi de l'étude de la France, de l'Europe et enfin des autres parties du monde.

ENCYCLOPÉDIE DU JEUNE AGE

Par P. LAROUSSE. — Livre de l'Élève, 60 c.; Guide du Maître, 1 fr.

La *Petite Encyclopédie* se divise en quatre chapitres : 1° Cent cinquante exercices de lecture et de mémoire; 2° Premières notions de langue française (20 devoirs); 3° Exercices lexicologiques (34 devoirs propres à développer l'intelligence et à former le raisonnement); 4° Exercices de calcul mental, 800 problèmes variés, qui donnent au jugement de l'enfant cette rectitude que les chiffres seuls font acquérir.

PREMIERS ÉLÉMENTS D'HISTOIRE NATURELLE

Avec de nombreuses gravures dans le texte; par Mme Clarisse SAUVESTRE, institutrice, officier d'Académie. Charmant volume in-18, cartonné. Prix : 75 cent.

On vend séparément :

I. Les Plantes, demi-cartonnage...... 25 cent.
II. Les Animaux, — ...... 25 —
III. Les Minéraux, — ...... 25 —

Les enfants sont très curieux, ils veulent tout savoir. Il faut leur dire comment viennent les *plantes*, comment se classent les *animaux*, où l'on trouve le *charbon*, le *fer*, l'*or*, les *pierres précieuses*; en un mot, explorer avec eux les trois règnes de la Nature. Tel est le but de la nouvelle publication de Mme Cl. Sauvestre, institutrice distinguée, qui a su mettre les premiers éléments de la science à la portée des plus jeunes enfants.

PREMIERS SUJETS DE STYLE (1er degré)

Avec Sommaires raisonnés; méthode intuitive mise à la portée des plus jeunes enfants; par Mlle Clarisse JURANVILLE.

Livre de l'élève, 50 cent. — Livre du Maître, 1 fr.

Avant de construire, il est indispensable de se procurer des matériaux : « Avant d'écrire, il faut apprendre à penser, » a dit si justement Boileau. — *Apprendre à penser aux enfants*, leur donner des idées et les amener à les rendre, tel est le but de cette publication de Mlle Juranville. Pour l'atteindre, l'auteur a suivi la *méthode intuitive* et donné une série de sujets familiers aux enfants, afin qu'ils leur offrent plus d'attrait et soient à la portée de leur jeune intelligence.

PETIT COURS D'HISTOIRE DE FRANCE

A L'USAGE DES ÉCOLES ET DES PENSIONNATS

Par J.-L.-C. RENAUDIN, instituteur primaire, officier de l'Instruction publique :

PREMIÈRES NOTIONS D'HISTOIRE DE FRANCE

Près de 300 questions mises à la portée des enfants de huit à dix ans; ouvrage illustré de 10 gravures. Prix : 30 cent.

PETITE HISTOIRE DE FRANCE (2e degré)

Près de 400 questions à la portée des enfants de dix à douze ans. — 24e édition, revue et complétée jusqu'à nos jours. — Prix, cartonné : 50 cent.

COURS MOYEN D'HISTOIRE DE FRANCE

Avec 24 Résumés à la suite des grandes divisions. Ouvrage en rapport avec le programme des écoles de Paris. Joli volume in-12, avec 7 cartes et 50 gravures intercalées dans le texte. — Prix, cartonné : 80 cent.

Le *Cours moyen* n'est pas autre chose qu'une édition refondue et améliorée de la *Petite Histoire de France*. L'auteur y abandonne la forme catéchétique et suit pas à pas le programme de Paris : cette nouvelle publication donne donc toute satisfaction à la nouvelle école pédagogique, qui ne goûte point les classiques par demandes et réponses.

Un exemplaire du COURS MOYEN est envoyé, à titre de spécimen, au reçu de 0 fr. 40, c'est-à-dire avec une remise de 50 pour 100.

PRÉCIS D'HISTOIRE DE FRANCE (3e degré)

A l'usage des élèves de douze à quinze ans, avec 4 cartes et de nombreuses gravures intercalées dans le texte. Joli volume de près de 300 pages. — Prix : 1 fr. 10.

Le 3e degré n'est pas moins goûté dans les pensionnats que dans les écoles primaires, où il est employé avec succès par les aspirants au certificat d'études.

PETIT TRÉSOR LITTÉRAIRE DES ENFANTS

Prose et poésie. Livre de lecture et de récitation; par M. G[illegible]. 3e édition. — Vol. in-18, cartonné, 50 cent.

Ouvrage adopté pour les écoles municipales de la ville de Paris.

Les morceaux qui composent ce nouveau recueil sont empruntés, pour la plupart, aux auteurs contemporains, français et étrangers. [illegible], courts, variés, pleins de fraîcheur et d'attrait, ils font les délices des enfants.

HISTOIRE élémentaire de la LITTÉRATURE FRANÇAISE

Depuis l'origine de la langue, d'après nos historiens et nos critiques; par Eugène LOUIS, professeur de lycée. — 1 vol. in-18 de 156 pages. — Prix, cartonné : 75 cent.

Ce résumé d'histoire littéraire a obtenu une première mention honorable de la Société des études historiques.

MORCEAUX CHOISIS

Des principaux écrivains français depuis l'origine de la langue; par LE MÊME. — 1 vol. in-18 de près de 400 pages. — Prix, cartonné : 1 fr. 50.

ENSEIGNEMENT DU DESSIN SUIVANT LE PROGRAMME OFFICIEL

COURS ÉLÉMENTAIRE DE DESSIN A MAIN LEVÉE

EN 6 CAHIERS IN-4° COURONNE DE 12 PAGES

Par **L. HORSIN-DÉON**, *peintre, professeur aux Écoles de Paris et au collège Sainte-Barbe*

1er Cahier. — Tracé et division des lignes droites en parties égales. — Évaluation des rapports des lignes droites entre elles.

2e Cahier. — Reproduction et évaluation des angles. — Premiers principes du *dessin d'ornement*.

3e Cahier. — Application des droites au dessin des *objets usuels*.

4e Cahier. — Application des droites aux *arts décoratifs*.

5e Cahier. — Circonférence. — Polygones réguliers. — Rosaces étoilées.

6e Cahier. — Application de la circonférence et des arcs aux *arts décoratifs*.

Le dessin est désormais *obligatoire* à l'école primaire, et le programme *officiel* du nouvel enseignement détermine l'ordre logique à suivre pour l'organiser d'une manière féconde. Les cahiers de M. Horsin-Déon développent le programme article par article, et le rendent ainsi immédiatement applicable dans tous les établissements d'instruction publique. — L'examen d'un *cahier spécimen*, envoyé *sur toute demande*, permettra de juger le fond et la forme de cette publication, qui a pour but non seulement l'éducation de l'œil et de la main, mais aussi l'éducation du goût.

Prix de chaque cahier : 0 fr. 15. — Le cent : 12 francs.

Paris. — Imprimerie Vve P. Larousse et Cie, rue Montparnasse, 19.

www.ingramcontent.com/pod-product-compliance
Ingram Content Group UK Ltd.
Pitfield, Milton Keynes, MK11 3LW, UK
UKHW032025260826
14628UKWH00006B/2740

9 782014 433760